Peter Neumann

Berlins Bahnhöfe

gestern, heute, morgen

Jaron Verlag

Für die freundliche Unterstützung dankt der Jaron Verlag:

Abbildungen

Berliner Verlag: S. 21 unten, 24, 59, 89, 90; Berliner Zeitung / Gerd Engelsmann: S. 9, 10, 16, 25, 26, 27, 31, 38, 40, 41, 56, 58, 64, 65, 70, 71, 75, 91, 94, 95, 96, 97, 102, 106, 112; Berliner Zeitung / Wulf Olm: S. 63 unten links; Bildarchiv Preußischer Kulturbesitz / Berlin Picture Gate: S. 60; DB ProjektBau GmbH: S. 42/43, 44, 47, 83, 86, 87; DB ProjektBau GmbH / Hentschel & Oestreich Architekten, Berlin: S. 32; DB ProjektBau GmbH / J.S.K. Architekten, Berlin: S. 76, 77; DB Projekt-Bau GmbH / Planungsgemeinschaft Ostkreuz: S. 72; DB Station & Service / ArchitektenSocietät Berlin, nps und Partner: S. 113; Karl-Heinz Döring: S. 46; Heimatmuseum Tiergarten: S. 48, 49, 50, 51; Historische Sammlung der Deutschen Bahn AG: vor Haupttitel, 6, 7 unten, 8, 20, 21 oben, 22/23, 34, 53, 54, 55, 61, 62, 63 oben, 67, 68, 69, 80, 81, 82, 88, 93, 99, 100, 101, 105, 107, 108, 110/111; Landesarchiv Berlin: S. 11, 12, 14, 15, 17, 18, 28, 29, 30, 35, 36/37, 63 unten rechts, 73, 78, 79, 92, 104; Landesarchiv Berlin / Waldemar Titzenthaler: S. 7 oben, 13, 98; Peter Neumann: S. 19, 57, 84 oben links

Foto vor Haupttitel: Hauptbahnhof – Lehrter Bahnhof 2004; Foto S. 4: Anhalter Bahnhof 1935

Originalausgabe
1. Auflage 2004
© 2004 Jaron Verlag GmbH, Berlin
Umschlaggestaltung: Atelier Kattner, Berlin, unter Verwendung von Abbildungen der Historischen Sammlung der Deutschen Bahn AG (Potsdamer Bahnhof, oben), der Berliner Zeitung / Gerd Engelsmann (Zoologischer Garten, Mitte) und der DB ProjektBau GmbH/Archimation (Hauptbahnhof – Lehrter Bahnhof, unten)
Karten: Karl-Heinz Döring (Vor- und Nachsatz), Rita Böttcher (alle übrigen)
Satz und Layout: Atelier Kattner, Berlin
Lithographie: LVD GmbH, Berlin
Druck und Bindung: Westermann Druck Zwickau
ISBN 3-89773-079-0

Inhalt

Vorwort
Berlin in Bewegung

Wäre es nach Blaise Pascal gegangen, wären niemals Bahnhöfe gebaut worden. Denn nach Meinung des französischen Mathematikers und Philosophen ist das ganze Unglück der Menschen auf einen einzigen Umstand zurückzuführen: dass sie »nicht in Ruhe allein in ihrem Zimmer bleiben können«. Doch wie armselig wäre das Leben in Berlin, wenn diese Lehre aus dem 17. Jahrhundert befolgt worden wäre!

Hans Fallada hätte nicht über das Glück schreiben können, das er beim Ferienbeginn auf dem Stettiner Bahnhof empfunden hat. Und wie fade wäre Volker Ludwigs Musical »Linie 1« ohne die Ankunft der jungen Heldin im Bahnhof Zoologischer Garten, jenem Sprungbrett in eine neue Welt voller glücklicher Wendungen. Die Spuren, die die Berliner Bahnhöfe in Literatur und Theater so zahlreich hinterlassen haben, verweisen auf ihre Bedeutung für das Leben in der Stadt: Wie rückständig wäre Berlin ohne die Mobilität, die das Verkehrsmittel Eisenbahn so vielen Menschen gebracht hat. Und wie sehr würde das Auto dominieren, wenn es nicht die vielen guten Nahverkehrsverbindungen gäbe.

Nicht zuletzt haben die Bahnhöfe die Stadt auch konkret geformt. Es waren die Stationen an der Stadtbahn, die den sie umgebenden Vierteln Ende des 19. Jahrhunderts Leben eingehaucht haben. Im Umkreis der damaligen Kopfbahnhöfe verschwanden Felder unter Mietskasernen, weil die Ankömmlinge billigen Wohnraum benötigten.

Auf die große Wirkung, die Bahnhöfe auf ihre Umgebung ausüben, setzt man auch heute: Beim Bau des Hauptbahnhofs – Lehrter Bahnhofs und des Südkreuzes an der Papestraße schwingt die Hoffnung mit, dass diese Projekte die ausgefransten Kanten der Innenstadt beleben. Die vielen Neubauvorhaben der Deutschen Bahn dokumentieren den Wiederaufschwung, den das so lange vernachlässigte Verkehrsmittel in Berlin erlebt. Allerdings spiegelt sich in diesem Bereich auch, dass es mit der Stadt nicht nur aufwärts geht. Das zeigen die Reduzierungen, die manch ein Projekt durchleiden muss, weil sich Prognosen als unrealistisch erwiesen. Die wachsende Konkurrenz durch hoch subventionierte »Billigflieger« und sinkende Zuschüsse werden den ökonomischen Druck noch erhöhen.

Anders als viele andere Städte hat Berlin seit jeher mehrere Bahnhöfe, die dem Fern- und Regionalverkehr dienen. Es sind so viele, dass diese polyzentrale Stadt manchen Neulingen wie ein einziger großer Bahnhof, wie ein riesiger Transitraum anmutet. Experten wiederum befürchten, dass es der Hauptbahnhof – Lehrter Bahnhof schwer haben wird, sich gegenüber der zahlreichen Konkurrenz zu profilieren und genügend Nutzer anzulocken.

Der Vielfalt, der spannenden Geschichte und Zukunft der Berliner Bahnhöfe ist dieses Buch gewidmet. Beschrieben werden die 19 wichtigsten Berliner Bahnhöfe, die bestanden haben, derzeit bestehen oder künftig bestehen werden. Ausgespart wurden allein Anlagen, die nur für kurze Zeit in Betrieb waren wie der einstige Auswandererbahnhof in Spandau und der Dresdner Bahnhof (von 1875 bis 1882 an der Luckenwalder Straße in Betrieb), einige weniger bedeutsame Regionalbahnhöfe wie Karow oder Hohenschönhausen und nicht verwirklichte Bauprojekte wie der Nord- und Südbahnhof – Bestandteile der Germania-Pläne von Hitlers Architekt Albert Speer.

Diese Publikation wirft Schlaglichter auf einen speziellen, faszinierenden Teil des Berliner Lebens – und auf die Zukunft dieser Stadt.

Danksagung
Fachleute haben die Arbeit an diesem Buch mit Hinweisen und Material unterstützt. Besonderer Dank gebührt Hany Azer und Michael Baufeld (DB ProjektBau GmbH), Ulrike Gierens (Historische Sammlung der Deutschen Bahn AG), Günther Schuppenies (DB Station & Service) und Burkhard Ahlert (DB).

Bahnhof Alexanderplatz
Das Tor zum Osten

Unter einem Dach aus Wellblech befanden sich 1882 die Bahnsteige – einer für den Stadt-, einer für den Fernverkehr.

Schön ist der Alexanderplatz nicht gerade. Doch muss ein Platz schön aussehen, um bedeutend zu sein? Immerhin steht am »Alex« eines der am stärksten frequentierten Warenhäuser Berlins. Daneben ragt eines der größten Hotels der Stadt mit 37 Obergeschossen 123 Meter hoch empor. Und nur auf wenigen Straßenbahnstrecken sind so viele Fahrgäste unterwegs wie auf der Strecke, die über den Alexanderplatz führt. Dieser zugige Ort stellt das wichtigste Geschäftszentrum im Osten Berlins dar. Er ist für täglich Hunderttausende ein Durchgangs- und Verweilraum, der seine Spuren der Abnutzung unverblümt zeigt.

Einst hat die Stadtbahn, die hier auf dem zugeschütteten Königsgraben entstand, auch diesem

Teil von Berlin Leben eingehaucht: Sie und der Bahnhof tragen Ende des 19. Jahrhunderts wie zwei Magneten dazu bei, dass der traditionelle Einzelhandelsstandort Mühlendamm an Bedeutung verliert. In der viergleisigen Durchgangsstation mit den zwei Mittelbahnsteigen halten seit dem 7. Februar 1882 Züge, am 15. Mai kommt der Fernverkehr hinzu. Johann Eduard Jacobsthal, der später auch die Bahnhöfe von Köln und Straßburg planen wird, bekommt viel Lob für seinen Entwurf. Die Gleise führen in rund sechs Metern Höhe durch den Bahnhof, darunter ist – hinter einer dekorativen Backsteinfassade – Platz für Fahrkartenschalter und Läden.

Dieser Niveau-Unterschied begünstigt die Entwicklung des Stadtgebiets rund um den einsti-

1905 warten vor dem
Bahnhof, in der Dircksen-
straße, Pferdedroschken
auf Fahrgäste. Auf der
Königstraße, der heutigen
Rathausstraße, fuhren
bis 1951 Straßenbahnen –
vom Roten Rathaus zum
»Alex«.

Die Aufnahme von 1965
zeigt einen EMW vor der
neu gestalteten Halle. Im
Stil der Zeit wurde bei dem
1964 abgeschlossenen
Umbau auf jeden Zierrat
verzichtet.

gen Vieh- und Wollmarkt, der seit dem Besuch des russischen Zaren 1805 Alexanderplatz heißt. Kaufhäuser, Banken und Geschäfte entstehen. An der damaligen Königstraße markiert ein 97 Meter hoher Turm das politische Zentrum der Stadt, das Berliner Rathaus. Die Zentralmarkthalle, der »Bauch von Berlin«, beschert dem Bahnhof ein hohes Aufkommen an Güterwagen.

Alfred Döblins Reportage im »Berliner Tageblatt« vom 1. Januar 1929 klingt atemlos: »Wenn man rausguckt, wundert man sich, wie die Menschen über den Damm kommen. Wo die Menschen alle herkommen, links kommen sie vom Gericht und vom Präsidium, rechts von der Markthalle, dann wollen welche zum Bahnhof, bleiben Sie doch hier, ist doch ganz schön in Berlin, ich fahre ruhig die Königstraße runter,

was hat man vom Leben.« Spätestens in Döblins Roman »Berlin Alexanderplatz« wird der Name dieses Knotenpunkts, unter dem seit 1913 die U-Bahn hält, zum Synonym für den Moloch Berlin, in dem die Lebensperspektiven so schwankend sind wie die Planken, die über die zahlreichen Baugruben führen.

Der Bahnhof wird ausgebaut. Von 1926 bis 1929 erhält er eine neue Halle aus Stahl, 19,6 Meter hoch und mit einer Stützweite von 37,1 Metern. Dampf hat die 19 sichelförmigen Eisenfachwerkträger korrodiert. Von Anfang an leuchtet hier elektrisches Licht. Ab dem 11. Juni 1928 fährt auch die spätere S-Bahn elektrisch, 1931 setzt sich die erste Fahrtreppe in Bewegung.

1934 steigen 14 978 700 Menschen in die S-Bahn, werden 316 100 abreisende Fahrgäste im

Fernverkehr gezählt. Zu dieser Zeit fahren hier auch Schnellzüge ab, zum Beispiel nach Breslau, Danzig, Wiesbaden oder Den Haag. Doch als am 23. November 1943 Bomben den Bahnhof treffen, ist es damit auch schon wieder vorbei. Drei Hallenbinder müssen später abgetragen werden, der beschädigte Vorbau mit den Kuppeldächern in der Dircksenstraße wird abgerissen.

In dem neuen Stadtzentrum, dessen Bau die DDR-Regierung 1961 beschließt, spielt der Bahnhof Alexanderplatz eine wichtige Rolle. Während alte Gebäude in der Umgebung fallen, um Straßendurchbrüchen und Neubauten Platz zu machen, werden das Empfangsgebäude und die Hallenverkleidung nach Plänen von Hans Joachim May und Günter Andrich modernisiert. 1963 wird der Bahnhof unter Denkmalschutz

gestellt. Doch die Reste der historischen Bausubstanz werden entweder entfernt oder verdeckt – mit Travertinplatten, PVC, Aluminium und Edelholzfurnieren. Klinker-Zierelemente landen auf dem Schutt. Am 6. Oktober 1964 ist der Umbau vollendet. Von der Fußgängerpassage im Erdgeschoss besteht nun ein Durchgang zur U-Bahn, freilich nicht zur heutigen U 8, die als Transitstrecke von West-Berlin nach West-Berlin dient und deren Züge den Platz ohne Halt unterqueren.

Nach dem Abriss der Zentralmarkthalle ist der Anschluss für den Güterverkehr 1966 obsolet. 1967 werden die Straßenbahngleise abgebaut, weil dieses als antiquiert geltende Verkehrsmittel angeblich nicht mehr ins Zentrum passt. Umso stärker wird der S-Bahnhof frequentiert,

Die Treppe mit dem runden Absatz hat der Bahnhof bei der Sanierung in den Jahren 1995 bis 1998 erhalten. Sie führt vom Erd- ins Untergeschoss.

Bahnhof
Alexanderplatz

der inzwischen im Schatten des 368 Meter hohen Fernsehturms und inmitten eines Fußgängerbereichs liegt.

Mit der Stadtbahn wird ab 1995 auch der Bahnhof saniert, für 63 Millionen Euro. Die Berliner Architekten Rebecca Chestnutt und Robert Niess planen eine »Architektur der Zeitschichten«, einen »Dialog zwischen neuer und alter Architektur«, der die Geschichte des Bauwerks wieder erfahrbar machen soll. An 14 der 60 Viaduktbögen sind die historischen Klinker noch erhalten, sie werden restauriert und mit Stahl und Glas eingefasst. Die rundbogige Konstruktion und die großflächige Längsverglasung der Bahnsteighalle bleiben unverändert.

Doch von allen anderen Relikten aus DDR-Zeiten wird nichts erhalten; diese »Zeitschicht« ist – entgegen der Ankündigung – nach der Sanierung also nicht mehr erfahrbar. Zwei jeweils 200 Meter lange Passagen mit Geschäften, einem Empfangsschalter (»Service Point«) und einem Reisezentrum, in dem die anfänglichen vier Fahrkartenschalter bald nicht mehr ausreichen, durchziehen den Bahnhof nun der Länge nach. Die Pachttoilette mit ihren Topfpflanzen und Stoffhandtüchern wird durch ein

türkisgrün schimmerndes WC-Center mit Dusche ersetzt. Auf einer Gesamtfläche von 3350 Quadratmetern ist Platz für fast 50 Verkaufs- und Serviceeinrichtungen. Eine runde Treppe markiert den Übergang ins Untergeschoss. Ein Teil derselben ist allerdings wegen Rutschgefahr gesperrt – weil die Edelstahlwanne unter dem Gleisbett undicht ist, sickert Feuchtigkeit in das Bauwerk.

Am 12. März 1998 wird der Bahnhof wieder eröffnet. Ab dem 24. Mai halten auch wieder Regionalzüge, nun unter einer elektrischen Fahrleitung. Allerdings ist es damit bereits am 13. Dezember 1998 erst mal wieder weitgehend vorbei; allein die Regionalexpresszüge der Linie RE 5 dürfen noch einen Halt einlegen. Nach den Technik-Pannen bei der Wiederinbetriebnahme der Stadtbahn soll die Durchlassfähigkeit der Strecke erweitert werden. Doch seit dem 30. Mai 1999 bedienen wieder alle fünf RE-Linien den »Alex«. Nicht nur der Senat und der Fahrgastverband IGEB, auch der Betreiber des Warenhauses und andere Einzelhändler hatten protestiert. Sie wissen, welch große Bedeutung dieser Bahnhof für sie hat. 110 000 Reisende und Besucher nutzen ihn täglich.

Gedränge auf dem Regionalbahnsteig. Auf fünf Linien fahren rote Doppelstockzüge ins Land Brandenburg und darüber hinaus.

Anhalter Bahnhof

Die Mutterhöhle der Eisenbahnen

Was würden Museumsdirektoren und Konzertveranstalter dafür geben, so ein Gebäude nutzen zu dürfen! Ein Bauwerk mit einer Grundfläche so groß wie der Markusplatz in Venedig und mit Platz für 40 000 Menschen, von imposanter Architektur und reich geschmückt mit Ziegelformsteinen und Kandelabern.

Doch der Anhalter Bahnhof ist abgerissen worden. Weil er nicht wertvoll sei, hieß es. Weil in diesem Teil Kreuzbergs eine Autobahn entstehen sollte. Weil die Steine gebraucht wurden, um Ziegelsplitt für den Tiefbau herzustellen. Allerdings ließ sich das stabile Mauerwerk nur mit so viel Mühe zerkleinern, dass dieses Vorhaben aufgegeben werden musste.

Aber da war es zu spät, die Vernichtung des Anhalter Bahnhofs hatte begonnen.

Ein 16 Meter hohes Dach, zwei Bahnsteige – so sieht er anfangs aus, der Bahnhof zwischen dem Potsdamer und dem Halleschen Tor. Die private Berlin-Anhaltische Eisenbahngesellschaft hat so viele Probleme beim Bau der Strecke von Berlin nach Südwesten, dass sie dem nördlichen Endpunkt nicht viel Detailliebe schenkt. Zunächst einmal muss sie auf eigene Kosten ein Tor in die Stadtmauer schlagen, durch das dann die Anhalter Straße verläuft. Danach legt sie einen Truppenübungsplatz an – als Ersatz für den Kreuzberger Exerzierplatz, über den nun die Anhalter Bahn führt. Nicht zu vergessen der Verein für Pferdezucht, der sich

Funktionale Pracht. Als Franz Heinrich Schwechten 1873 diesen Entwurf des Anhalter Bahnhofs zeichnete, war er 32 Jahre alt.

die Verlegung seiner Rennbahn einiges kosten lässt. So lagern die Schienen, die 1837/38 in England beschafft worden sind, erst einmal jahrelang in Hamburg, bevor sie verlegt werden können.

Doch die Beharrlichkeit zahlt sich aus. Am 1. Juli 1841 fährt erstmals ein Zug ab, nach Jüterbog, ab dem 10. September fährt er weiter ins damalige Cöthen in Anhalt. Die Lokomotiven aus Stevensons Fabrik in Newcastle und die »Beuth«-Dreiachser von Borsig (Höchsttempo: 42 Kilometer pro Stunde) bekommen viel zu tun. Die zwölf unbedeckten »Sommerwagen« dritter Klasse reichen bald nicht mehr aus.

1872 beginnt der Umbau der Anlagen, zwei Jahre später müssen die Fahrgäste für längere Zeit ein provisorisches Empfangsgebäude an der Trebbiner Straße ansteuern. Am Askanischen Platz entsteht der neue Anhalter Bahnhof. Der Chef des bahneigenen Hochbaubüros, Franz Heinrich Schwechten, zeichnet die Pläne. Beim Beginn der Bauarbeiten ist der 1841 in Köln geborene Architekt gerade mal 31 Jahre alt. Doch die Fachwelt ist begeistert. Schwechtens Bahnhof gelte »als ein Meisterwerk in der feineren Ausbildung des Ziegelrohbaus«, lobt das »Wochenblatt für Architekten und Ingenieure«. Die dreibogige Einfahrt in den Kopfbahnhof sei »eine der vornehmsten Verkehrsadern der Residenz«.

Dabei ist der Bau zugleich funktional. Vom Askanischen Platz aus gehen die Fahrgäste durch eine Vorhalle in das 390 Quadratmeter große Empfangsvestibül, von dem aus sich der Blick in die fast 168 Meter lange, von Gebäudeteilen U-förmig eingefasste Halle öffnet. Sie hat eine Spannweite von 60,72 Metern – breiter als die Prachtstraße Unter den Linden. Bis zum Dachfirst misst die Halle 34,25 Meter, damals ein Weltrekord. Das Dach wiegt 70 000 Tonnen. Der Ingenieur Heinrich Seidel, unter dem Pseudonym Leberecht Hühnchen später auch als Idyllendichter bekannt, hat es konstruiert. Bei der Eröffnung ist dies der drittgrößte Bahnhof der Welt, nach London St. Pancras und Birmingham Central. Am 15. Juni 1880 kommt Kaiser Wilhelm I. in Gardeuniform zur Einweihung.

1910 gibt es täglich im Durchschnitt 20 000 Reisende. 1934 fahren 1 156 000 Fahrgäste ab – nach Leipzig, Dresden, Frankfurt am Main, München, Wien, Stuttgart, Basel. Der Anhalter

Der Bahnhof 1881, im Jahr nach der Eröffnung – eine Lok rollt aus dem Portal. Die Fachwelt lobte die dreibogige Einfahrt als eine »der vornehmsten Verkehrsadern der Residenz«.

ist »laut des Namens Mutterhöhle der Eisenbah-
nen, wo die Lokomotiven zu Hause sein und die
Züge anhalten mussten. Keine Ferne war ferner,
als wo im Nebel seine Gleise zusammenliefen«,
schreibt Walter Benjamin in seinen Erinnerungen.

Dies ist der Berliner Bahnhof der luxuriösen
Züge. Hier beginnt der Riviera-Express nach
Nizza, Ventimiglia und Mentone. Der Ägypten-
Express rollt ab 1907 nach Neapel, wo der Dop-
pelschraubendampfer nach Alexandria wartet.
1930 stehen rund 120 Fernzüge auf dem Fahrplan. Wer um 12 Uhr 53 in den Schlafwagen
steigt, ist am Tag darauf um 16 Uhr 35 in Cannes
an der Côte d'Azur. Wer sich 1937 eine Reise
nach Rom leisten kann, reist in 22 Stunden und
40 Minuten zum Bahnhof Termini. Heute, im
vereinten Europa, ist all dies mit dem Zug ohne
Umsteigen nicht zu schaffen.

Auch die Bahnhofsumgebung ist glanzvoll.
Ab 1927 führt ein Fußgängertunnel ins Excelsior,
das mit 450 Zimmern als größtes Hotel Europas
gilt.

Im Zweiten Weltkrieg erleidet das Gebäude
Bombenschäden, und US-amerikanische
Pioniere sprengen 1946 die freitragende Dach-

Reges Treiben im Jahr
1910: Straßenbahnen und
Kutschen streben dem
Anhalter Bahnhof zu.
Die Königgrätzer Straße,
links im Bild, heißt heute
Stresemannstraße.

Im »angehaltenen Bahn-
hof« kümmert sich ein
Mann im Februar 1955 um
eine Weiche. Am 17. Mai
1952 war der letzte Per-
sonenzug hier abgefahren.

konstruktion. Der Zugverkehr kann jedoch
weitergehen. Im August 1945 stehen täglich vier
Vorortzüge nach Zossen und eine Verbindung
nach Radebeul-Naundorf auf dem Fahrplan.
Doch Zug um Zug wird der Verkehr auf die
Stadtbahn verlegt. Reisende aus der DDR sollen
nicht länger im amerikanischen Sektor, dem
»Geheimdienst-Nest«, ankommen und abfahren. Nach 72 Jahren endet der Reisezugbetrieb.
Am 18. Mai 1952 wird der Personenverkehr am
Anhalter Bahnhof stillgelegt. Die Automaten mit
den Bahnsteigkarten für 20 Pfennig West bleiben stehen, ein Zugzielanzeiger kündigt weiterhin eine Abfahrt nach Weißenfels an. Der ange-
haltene Bahnhof wirkt, als sei er überstürzt verlassen worden.

In der Tat ist der »Anhalter« aus dem Bewusstsein noch nicht getilgt. 1952 ist in den Messe-
hallen unterm Funkturm ein neuer Anhalter
Bahnhof zu sehen, mit zehn Gleisen und einem
neuen, flachen Empfangsgebäude. Der Senator
für Bau- und Wohnungswesen zeigt das Modell

in seiner Ausstellung »Hauptstadt Berlin im Aufbau«. 1955 spricht der Regierende Bürgermeister Otto Suhr davon, den Bahnhof für den Verkehr in Richtung Süden zu erhalten und zu erweitern. Doch andere Pläne gewinnen die Oberhand.

Der Kreuzberger Bezirksbürgermeister Willy Kressmann fährt zur Reichsbahndirektion in den Osten Berlins, obwohl derlei Alleingänge im Kalten Krieg Gift für die Karriere sein können. Aber der SPD-Politiker meint es ernst: Er will den Bahnhof weg haben. Nicht nur, weil alles Alte unter Generalverdacht steht und die Berliner keine Ruinen mehr sehen wollen – sogar das Schloss Charlottenburg befand sich eine Zeit lang auf der Abrissliste –, sondern auch, weil sich das Bahnhofsgelände für die Südtangente anbietet, eine Schnellstraße, die Alt-Kreuzberg den Garaus machen soll. 1959 sind die Ausschreibungsunterlagen für die Vernichtung des Bahnhofs fertig, die Kosten werden auf rund 1,7 Millionen Mark geschätzt.

Dem Architekturhistoriker Goerd Peschken schwant, dass etwas Wertvolles verloren zu gehen droht. Der Anhalter sei von allen Berliner Bahnhöfen der »künstlerisch reifste, ein glanzvoller Repräsentant des Eisenbahnzeitalters und der größten Epoche Berlins«, schreibt er 1959 aus Griechenland. »Mit einer Schar kluger Archäologen grabe ich hier ein provinzielles griechisches Heiligtum aus, und zu Hause werden erstklassige Dinge abgerissen, einfach irre.« Replik der Denkmalpfleger: »Der Bahnhof kann nicht als ein überzeugender, künstlerisch wertvoller oder neue Wege weisender Bahnhofsbau des vorigen Jahrhunderts angesprochen werden. Deshalb ist auch die Erhaltung, etwa der Hauptfassade, aus musealen Gründen nicht zu verantworten.«

Am 27. November 1959 beginnt auf der Westseite der Abbruch des nicht denkmalgeschützten Bahnhofs – wegen des darunter liegenden S-Bahn-Tunnels per Hand. Im Sommer 1960 dient das Gebäude als Filmkulisse für Billy

Am 27. Januar 1961 stand die nördliche Hallenstirn noch, doch am selben Tag begann die Sprengung. Die Erhaltung des Bahnhofs sei »nicht zu verantworten«, urteilten die Denkmalpfleger.

Anhalter
Bahnhof

Wilders Kalte-Krieg-Komödie »Eins, zwei, drei«: Hier tanzen die Russen im Grandhotel Potemkin, vormals Göring, vormals Bismarck. Aber das ist nur ein Intermezzo. Am 25. August 1960 wird mit einer Probesprengung auch an der Ostseite das Ende eingeläutet. Kurz darauf fallen das Südportal und die beiden Türme. Im Januar 1961 beginnt die Sprengung des nördlichen Teils der Bahnsteighalle. Die Beseitigung des Schutts dauert bis April 1962.

Zaghaft wird diskutiert, ob wenigstens das Portal am Askanischen Platz bleiben sollte. »Warum sollte man die schäbigen Reste erhalten? Warum nicht ein Abschied für immer?« fragt aber die »Bild-Zeitung«. Bausenator Rolf Schwedler und Willy Kressmann sehen das genauso. Dennoch übersteht ein Teil des Portikus den Abriss, dem bis 1965 alle übrigen Teile zum Opfer fallen. Die Verwaltung des ehemaligen Reichsbahnvermögens, bei der Kandelaber und andere Schmuckelemente lagern, bietet an, den Unterhalt zu zahlen. In den 1970er Jahren kommt erneut die Idee auf, den Portalrest abzureißen. Aber das traurige Relikt übersteht auch diese Pläne. Die Stiftung Denkmalschutz Berlin lässt nun den Portikus für 1,2 Millionen Euro renovieren. Doch von der einstigen Grandesse ist am Askanischen Platz nichts mehr zu spüren. Dies ist und bleibt einer der hässlichsten Orte Berlins.

Als letztes Relikt des Bahnhofs ist der Portalrest am Askanischen Platz erhalten. Erst in den 1970er Jahren verloren die Abrisspolitiker ihr Interesse an ihm.

Bahnhof Charlottenburg
Bahnsteige in Bewegung

Anders als andere große Städte hat Berlin bislang keinen zentralen Hauptbahnhof. Na und? Die Dezentralität ihres Eisenbahnsystems erleichtert es den Berlinern, zum Zug zu kommen. An der Stadtbahn reihen sich mehrere Stationen auf. Mit acht Bahnsteigkanten ist der Bahnhof Charlottenburg der zweitgrößte.

Am Westende der 12 145 Meter langen Ost-West-Strecke gelegen, wird er am 7. Februar 1882 eröffnet. Zunächst steht hier ein ländlich wirkender Holzfachwerkbau. Im Jahre 1934 zählt die Reichsbahn im Stadt- und Vorortverkehr 9 310 400 und im Fernverkehr 272 800 Reisende. Hier halten selbst Schnellzüge auf der Fahrt nach Köln und Königsberg, nach Paris und Warschau.

Im August 1945 wird der Vorortverkehr nach Werder wieder aufgenommen. Ab Oktober 1946 fährt in Charlottenburg der Fernschnellzug über Hannover nach Amsterdam ab, der erste für den Zivilverkehr zugelassene Interzonenzug von Berlin in den Westen. Die Grenzkontrolle in Marienborn dauert mehr als drei Stunden. Am 12. Mai 1949 macht der Bahnhof Schlagzeilen: Hier trifft am Morgen der erste Reisezug nach dem Ende der Berlin-Blockade ein – es ist der britische Militärzug DBA 671. Doch der Zugverkehr ist langsam, unbequem und unpünktlich. So floriert stattdessen der Zentrale Omnibusbahnhof, den der Regierende Bürgermeister Ernst Reuter am 12. Mai 1951 nebenan, auf dem Stuttgarter Platz, einweiht.

Eine in den 1920er Jahren versandte Postkarte zeigt das Empfangsgebäude und den Wasserturm. Beide mussten rund fünf Jahrzehnte später der Lewishamstraße weichen.

Das Schild auf dem S-Bahn-steig C hat im Januar 1984 die besten Jahre hinter sich. Der Fernbahnsteig nebenan wird gefegt, obwohl dort nur hin und wieder Sonderzüge hielten.

Am 17. Mai 1952 hält der vorerst letzte Perso-nenzug, danach ist Charlottenburg zunächst ausschließlich S-Bahnhof – von den britischen Militärreisezügen am Fernbahnsteig A abge-sehen. Zwar wird von 1972 bis 1975 ein neues Empfangsgebäude gebaut – ein mit roten Klin-kern verkleideter Stahlbeton-Skelettbau nach einem Entwurf von Günter Hönow aus Berlin. Der alte Bahnhof und der Wasserturm sind dem Durchbruch der Lewishamstraße im Weg. Doch erst 1976 wird Charlottenburg wieder als Fern-bahnhof gelistet, für Transit-Sonderzüge – zum Beispiel, wenn Großveranstaltungen anstehen.

Die Umgebung des Bahnhofs, insbesondere der Stuttgarter Platz, gerät ab den 1970er Jahren in Teilen ins Zwielicht. Rotlicht-Etablissements wie »Tutti Frutti« oder »Mon Cheri« bilden einen starken Kontrast zu den gutbürgerlichen Wohnquartieren rundherum. »Qualitative Des-orientierung«, diagnostiziert Bernd Albers, der 1996 den vom Senat und der Bahn ausgelobten städtebaulichen Realisierungswettbewerb zur Neugestaltung des Bahnhofsviertels gewinnt.

Der Architekt plant lang gestreckte Arkaden entlang des Bahndamms und anstelle des denkmalgeschützten Empfangsgebäudes ein Hochhaus.
Doch der Entwurf verschwindet, mangels Investoren, in der Schublade.

Dafür wird ein anderer Plan realisiert. Die
Senatsverwaltung für Stadtentwicklung beauftragt die Deutsche Bahn, die S-Bahnsteige nach
Osten zu verlegen, um den Weg zum U-Bahn-
hof Wilmersdorfer Straße von 230 auf 78 Meter
zu verkürzen – als Erleichterung für die täglich
88 000 Umsteiger, die dort 2005 erwartet werden. Für diese Umbauten und für die von der
Bahn beabsichtigte Grunderneuerung der
S-Bahnanlagen zwischen Zoo und Westkreuz,
die 100 Millionen Euro kostet, wird 2002
der Planfeststellungsbeschluss erlassen. Im
Februar 2003 beginnt die Streckensanierung,
im August auch die Bahnsteigverlegung, letzte-
re – zum Leidwesen der zahlreichen Fahrgäste,
die nun noch länger den Ersatzverkehr nutzen
müssen – mit mehrmonatiger Verspätung,
weil der Senat seinen Finanzierungsanteil,

fünf Millionen Euro, erst am 16. Juni freigibt.
Ursache für das lange Zögern ist ein Streit um
die Gestaltung des Stuttgarter Platzes. Während
der Senat große Teile begrünen will, möchte
die Bahn ihr dortiges Areal Gewinn bringend
verwerten.

Im Februar 2005 soll der neue S-Bahnsteig D,
Anfang 2006 auch sein südlicher Konterpart C
fertig sein. Die geplanten 80 Meter langen
Bahnsteigdächer sind für S-Bahn-Vollzüge zu
kurz, doch einen längeren Wetterschutz lassen
die Zuwendungsrichtlinien nicht zu. Wenn die
Fußball-Weltmeisterschaft 2006 angepfiffen
wird, kann dank eines neuen Signalsystems alle
anderthalb Minuten eine S-Bahn vom Zoo zum
Olympiastadion rollen. Bisher war ein 2,3-Minu-
ten-Takt möglich. Die Regional-Bahnsteige A
und B erhalten Aufzüge, bleiben aber ansonsten
so, wie sie sind – wie das Empfangsgebäude und
das ebenfalls unter Denkmalschutz stehende
Reiter-Stellwerk Chab. So viel ist klar: Der Bahnhof Charlottenburg wird einer der weniger spek-
takulären Bahnstationen Berlins bleiben.

Bahnhof Friedrichstraße
Der absurdeste Bahnhof Berlins

In der Aufnahme von 1914 schweift der Blick vom Hotel Monopol aus nach Süden, die Friedrichstraße hinunter. Jenseits der Stadtbahn ist das Central-Hotel zu sehen.

Am Croissant-Stand piept eine Registrierkasse, im Reisezentrum spucken die Drucker schnarrend Fahrkarten aus, mit Warnsignalen schließen sich die Türen des Regionalexpresszuges nach Wismar und der S-Bahn nach Potsdam. Geräusche, wie sie auf jedem Großstadtbahnhof zu hören sind. Doch der Bahnhof Friedrichstraße ist kein normaler Bahnhof. Im Kalten Krieg war er ein hässlicher Zwitter aus Verkehrs- und Grenzstation, der vor allem trennte, anstatt zu verbinden. Mitten in der Stadt hatte die DDR ein Bollwerk gegen den Westen – und die eigenen Bürger – gebaut. Eine mit Sperrtechnik, Kameras und Geheimtüren verbarrikadierte Trutzburg, eine Grenzbefestigung mit Zugbetrieb. Dies war »der absurdeste Bahnhof Berlins«,

schreibt der Schriftsteller Jens Sparschuh. Doch der Bahnhof kannte auch andere Zeiten.

Anfangs ist das Zischen der Dampflokomotiven das beherrschende Geräusch. Am 7. Februar 1882 halten die Züge zum ersten Mal an den zwei Bahnsteigen in der rund 160 Meter langen Bahnhofshalle, die als eine der ersten in Berlin von elektrischem Licht erhellt wird. Das Empfangsgebäude ist mit roten Ziegeln verkleidet, die mit helleren und dunkleren Bändern durchsetzt sind. Die Pläne stammen von Johannes Vollmer.

Das Stadtbahn-Viadukt mit seinen 731 gemauerten Bögen, der Stolz der Weltstadt Berlin, lässt auch die Gegend um die Friedrichstraße aufblühen. Schon rasch findet sich der heimliche Zentralbahnhof Berlins in einem »Hotel- und

Tingeltangel-Viertel« wieder, wie Alfred Kerr die Friedrichstadt beschreibt. Gegenüber des Bahnhofs tanken Kneipenbummler im Aschinger Bier und stärken sich je nach Geldbeutel mit Wurst oder Kaviar. Andere gehen in den Franziskaner im Stadtbahnbogen östlich der Friedrichstraße, wo sich das Dröhnen der Züge ins Gläserklirren mischt. Südlich vom Bahnhof steht das Central-Hotel mit dem Varieté Wintergarten. Für das Apollo-Theater an der Friedrichstraße, das später Metropol heißen wird, schreibt Paul Lincke Noten und Kurt Tucholsky Kabarett-Texte. Jenseits der Weidendammer Brücke zieht der Zirkus Renz Besucher an. Und mittendrin im Trubel, still und unauffällig, Kokain- und Morphiumhändler.

Noch vor dem Ersten Weltkrieg beauftragt die Reichsbahn Carl Theodor Brodführer mit einem Umbau, der von 1919 bis 1925 dauert. Danach hat der Bahnhof sechs statt der bisherigen vier Gleise, zudem eine zweischiffige Halle, wobei die Überdachung der Fernbahn 39 Meter und die für die spätere S-Bahn 19 Meter breit ist. Eine frühexpressionistische Fassade mit violetten Klinkern bildet jetzt die Außenseite. Ein modernes Gebäude für eine moderne Stadt.

Am 30. Januar 1923 geht unter dem Bahnhof, tief ins sumpfige Spreeufer gerammt, die heutige U-Bahn-Linie 6 in Betrieb. 1928 werden die Stromschienen der »elektrisierten« Stadtbahn unter Gleichstrom gesetzt, am 11. Juni findet die erste Fahrt statt. Am 9. März 1931 steigen an der Friedrichstraße berühmte Fahrgäste aus: Charlie Chaplin und George Bernard Shaw auf Deutschlandtournee. 1934 ist dies der am stärksten

Die alte Bahnhofshalle, 1914.

Noch 1950 führte die Friedrichstraße südlich des Bahnhofs durch ein Trümmerfeld.

Im Juli 1957 begegnen sich am Bahnsteig A ein Ganz-Mavag-Triebwagen aus ungarischer Produktion und ein Vorkriegs-Schnell-triebwagen (rechts). Die benachbarten S-Bahn-Gleise verbanden noch die beiden Teile Berlins. 1961 wurde der Bahnsteig B zur Endstation aus Richtung Westen.

frequentierte Bahnhof im System der Stadt-, Ring- und Vorortbahn: 16 213 300 Fahrgäste. Unter Berlins Fernbahnhöfen steht er mit 518 000 abfahrenden Reisenden an dritter Stelle.

Am Ende des Zweiten Weltkriegs ist von all dem Leben nichts mehr zu spüren. Am 24. April 1945 werden in der Unterführung der Friedrichstraße zwei junge Wehrmachts-Soldaten erhängt, die im Kämpfen keinen Sinn mehr sahen. Wenige Tage später stehen der U-Bahn-Tunnel und die am 27. Juli 1936 eröffnete unterirdische Nord-Süd-S-Bahn unter Wasser. SS-Verbände haben die Tunneldecke unter dem Landwehrkanal gesprengt.

Der Bahnhof wird zur Drehscheibe zwischen Ost und West. West-Berliner reisen an, um billig im Konsumladen einzukaufen oder im plüschigen Theater am Schiffbauerdamm Brecht-Stücke anzuschauen. DDR-Bürger fahren mehr oder weniger ungehindert in die Gegenrichtung. In ihrer Erzählung »Der ge-

teilte Himmel« beschreibt Christa Wolf, wie einfach die S-Bahn-Fahrt via Friedrichstraße damals war. Ihre Heldin Rita Seidel »trat an den Fahrkartenschalter. Zum ersten Mal musste sie preisgeben, was sie tun wollte. ›Zoologischer Garten‹, sagte sie. Gleichmütig wurde ihr eine kleine gelbe Pappkarte zugeschoben. ›Zwanzig‹, sagte die Frau hinter der Glasscheibe. ›Und wenn man – zurückkommen will?‹ fragte Rita zaghaft. ›Also vierzig‹, sagte die Frau, nahm die Karte und schob eine andere durch das Fensterchen. Darin also unterschied diese Stadt sich von allen anderen Städten der Welt: Für vierzig Pfennig hielt sie zwei verschiedene Leben in der Hand.«

Doch die DDR hat schon mit den Vorbereitungen zur Teilung begonnen. 1951 entsteht ein Aufsichtsturm auf dem damals einzigen S-Bahnsteig (C). 1953 wird der mittlere Bahnsteig (B), der bislang Fernzügen vorbehalten war, für die S-Bahn hergerichtet und erhält

Mehr als 28 Monate nach dem Mauerbau durften West-Berliner erstmals wieder in den Ostteil der Stadt. Im Bild der Bahnhof Friedrichstraße während der ersten »Passierschein-aktion« zur Jahreswende 1963/64.

Unter dem geschwungenen Dach rollt ein Regionalexpresszug aus dem Bahnhof – einer von mehr als 250 pro Tag. Der erste der roten Züge hielt hier im Dezember 1998.

Fernverkehrszüge dagegen fahren durch. Der ICE wird erst am Ostbahnhof wieder halten.

ebenfalls einen Aufsichtsturm. Als die DDR am 13. August 1961 anfängt, die Grenze zu West-Berlin zu befestigen, wird der Sinn des Umbaus klar. Relativ einfach lässt sich nun der S-Bahn-Verkehr auf der Stadtbahn trennen. Nur ein paar Weichen sind noch einzubauen, dann sind zwei Kopfbahnhöfe entstanden. Am Bahnsteig B kehren die Züge aus dem Westen um, am Bahnsteig C die aus dem Osten. Um die Sicht zu versperren, wird eine Metallwand gebaut. Aus den Augen, aus dem Sinn, so ist es vorgesehen.

In dem zum Grenzübergang umfunktionierten Empfangsgebäude ertönen inzwischen andere Geräusche. Das Surren der Leuchtstoffröhren, unter denen »Bürger BRD« und andere Grenzgänger vor den Abfertigungsboxen warten. Das Krachen der Stempel, mit denen die Grenzer die grünen Einreisekarten der West-Berliner und die Pässe der anderen bearbeiten. Das Schnarren der elektrischen Türöffner, die den Weg durch den Eisernen Vorhang – der hier aus Sperrholz besteht – freigeben.

So unüberwindlich die Sperranlagen innerhalb des 160 Meter langen Bauwerks auch sind, so unnachsichtig 140 Kameras selbst in den Toiletten alles und jeden ins Visier nehmen – für manche Menschen ist die Grenze doch ganz einfach zu überwinden: Am 7. Juli 1976 fliehen die RAF-Terroristinnen Inge Viett, Monika Berberich, Gabriele Rollnik sowie Juliane Plambeck aus der Justizvollzugsanstalt Lehrter Straße und weiter via Friedrichstraße in die DDR. Am

27. Mai 1978 folgt Till Meyer, Mitbegründer der Bewegung 2. Juni, die den CDU-Politiker Peter Lorenz entführt hatte. Am 18. Januar 1979 wird das Schlupfloch in die andere Richtung genutzt, diesmal zum Ärger des Ministers für Staatssicherheit, Erich Mielke. Einer seiner besten Männer, der Spion Werner Stiller, reist mit 20 000 Blatt geheimen Akten aus. Er ist durch eine unscheinbare Tür an der Südseite des Gebäudes, die Agentenschleuse, in den Bahnhof gelangt. Auf dem U-Bahnsteig muss Stiller mehrere Minuten auf die U 6 nach West-Berlin warten. »Es waren die längsten Minuten meines Lebens«, erzählt er später. Auf sein Verbrechen steht in der DDR die Todesstrafe.

Der Bahnhof Friedrichstraße ist politisch geworden. Die DDR nutzt auch ihn nach Kräften, um den Westen zu destabilisieren. Am 10. Mai 1968 fährt hier der Sonderzug zur Bonner Demonstration gegen die Notstandsgesetze ab –

In den Befragungsseparees erkundigen sich die Grenzer nicht mehr, wen man in der DDR so alles treffen will, sondern informieren sich bei den verdutzten Einreisenden über den Kurs der Pesete für ihren ersten Spanienurlaub. Täglich zwängen sich 200 000 Menschen durch die Gänge. Am 11. Dezember 1989 rollt eine S-Bahn mit Kindern aus West-Berlin in den Osten – über eine Verbindung am Fernbahnsteig A vorbei, die bis dahin noch nie für den öffentlichen Verkehr genutzt worden ist. Seit dem 2. Juli 1990, nach einem Gleisumbau und dem Abbau der Prellböcke, gibt es auch regulär wieder einen durchgehenden S-Bahn-Betrieb auf der Stadtbahn.

Ende 1995 beginnt die Deutsche Bahn mit der Sanierung, die 110 Millionen Euro kostet und vier Jahre dauert. Die braun-blau verklinkerte Fassade mit ihren rund 5000 Schmuckelementen aus Terrakotta wird wieder hergestellt. Doch im Innern enthält das Gebäude, obwohl unter Denkmalschutz, anschließend nichts Historisches mehr. »Wir haben uns entschieden, alles herauszureißen«, sagt der Berliner Architekt Werner Weinkamm. »Es sei denn, man hätte dieses Gebäude als Denkmal stehen gelassen. Doch dann könnte es kaum als Bahnhof weiter betrieben werden.«

So lässt sich heute nicht mehr nachvollziehen, wo die Einreiser Schlange standen oder wo die Stahltüren ohne Klinke waren, die Ausreisern in dienstlicher Mission den Weg in den Westen öffneten. Als letztes Relikt aus DDR-Zeiten wurde 2002 der unterirdische S-Bahnsteig D renoviert. Dabei verschwanden die letzten ehemaligen Intershops und die letzten versteckten Überwachungskameras. Graue Keramikfliesen ersetzten die orangeroten West-Kacheln aus den Siebzigern.

Wo es einst nach Putzmittel roch, schnuppern die rund 110 000 täglichen Bahnhofsbesucher nun den Duft von Espresso und Bratwurst. Fuhren hier 1990 nur ungefähr 20 Transitzüge ab, so halten heute pro Tag mehr als 250 Regionalexpresszüge an den Bahnsteigen A und B. Die 1962 eröffnete Ausreisehalle, der »Tränenpalast«, wird als Veranstaltungsstätte für Kabarett und Theater genutzt. Von der 4500 Quadratmeter großen Ladenfläche im Bahnhof ist der Großteil vermietet. Kassen piepen, Fahrkartendrucker schnarren, Wagentüren öffnen sich. Es sind wenig spektakuläre Geräusche, die heute im Bahnhof Friedrichstraße zu hören sind. Doch es sind die beruhigenden Geräusche einer wiedergewonnenen Normalität.

mit 723 meist studentischen Fahrgästen, die von der FDJ gestiftete rote Fahnen aus den Fenstern hängen und bei der Nonstop-Fahrt durch West-Berlin »Ho-Ho-Ho Chi Minh« rufen. Oder: »Mit Wasserdampf zum Klassenkampf!« Und dann sind da die vom Westen aus ohne Kontrolle zugänglichen Intershops, Wallfahrtsorte für Trinker, in denen es billig steuer- und zollfreien Alkohol gibt. Zuletzt sind fast 20 Ausgabeluken offen. Eine große Flasche Klarer kostet weniger als fünf Mark. Auf dem Bahnsteig A gibt es keine »Shops«. Dort warten Fahrgäste hinter der weißen Kontroll-Linie, bis die Grenzer mit ihren Hunden die Transitzüge als flüchtlingsfrei gemeldet haben und das Einsteigen beginnen darf. Denn dies ist auch weiterhin ein Fernbahnhof.

Die Grenzöffnung macht das gelb, orange und braun gekachelte Labyrinth überflüssig. Vom 11. November 1989 an sind die Türen offen.

Bahnhof Gesundbrunnen
Die Station für den Berliner Norden

Blick von der Swinemünder Brücke, Mitte der 1930er Jahre. Überdachte Brücken überspannten drei Bahnsteige und verbanden die beiden Empfangsgebäude.

Ein schöner Name für ein Stadtviertel, ein schöner Name für einen Bahnhof. Gesundbrunnen: Das atmet Gediegenheit, Ruhe, Heilung. So könnte es in diesem Teil des Wedding sein. Ist es aber nicht. Nicht mehr. Die Anfang des 18. Jahrhunderts entdeckte eisenhaltige Quelle versiegte 1882 bei Bauarbeiten. Acht Jahre später wurde das alte Brunnenhäuschen an der Badstraße 39 abgerissen. Da war der Gesundbrunnen längst ein Arbeiterviertel geworden.

Die Stettiner Bahn ist 1842 die erste Strecke in diesem Gebiet. Sie kreuzt die Badstraße niveaugleich. Doch der erste Bahnhof der Gegend entsteht an der Ringbahn. Hier halten ab dem 1. Januar 1872 Personenzüge. Am 10. Juli 1877 kommt die Nordbahn nach Oranienburg hinzu.

Als nach dem Abbau der alten Stettiner Bahn deren Gleise auch noch durch den Bahnhof geführt werden, entsteht ein Knotenpunkt. Es gibt drei Mittelbahnsteige in einem Geländeeinschnitt und zwei Empfangsgebäude. Zu den Fern- und Vorortzügen gelangt man über die Badstraßenbrücke. Wer zur Ringbahn will, kommt von der Behmstraße aus. Die überdachten und verglasten Brücken und Treppen sind Beispiele für die »Gewächshausarchitektur« jener Zeit.

So arm das Viertel ist, mancher Prominente kommt aus dem Wedding. Der DDR-Minister für Staatssicherheit Erich Mielke, 1907 geboren, wächst an der Stettiner Straße auf. Der Schauspieler Harald Juhnke, der 1929 auf die Welt kommt, lebt als Kind an der Stockholmer und dann an der Fordoner Straße. Einer seiner Mitschüler an der Diesterweg-Oberschule heißt Eberhard Diepgen, von 1984 bis 2001 Regierender Bürgermeister von Berlin. Nicht zu vergessen Hertha BSC: Der Sportverein hat sein erstes Stadion, die »Plumpe«, 70 Jahre lang ein paar Schritte vom Bahnhof entfernt an der Bellermannstraße – bis das Gelände 1974 mit Miethäusern bebaut wird. Doch die Erinnerung wird wach gehalten: Der Bezirk will den neuen Bahnhofsvorplatz nach dem Hertha-Star Hanne Sobek benennen.

Am 27. Juni 1922 kommt es auf dem Ring zwischen Schönhauser Allee und Gesundbrunnen zu einem schweren Unglück. An diesem Tag wird der von der rechtsradikalen Geheimorganisation Consul erschossene AEG-Präsident und Außenminister Walther Rathenau beigesetzt. Staatstrauer ist angeordnet, die Straßenbahner lassen die Arbeit ruhen. Darum fahren viele Berliner mit der Eisenbahn zum Staatsbegräbnis nach Mitte – auch zahlreiche Mitarbeiter der AEG, dem größten Betrieb im Umkreis des Bahnhofs Gesundbrunnen. Die Züge sind überfüllt, Fahrgäste stehen auf den Trittbrettern. Einer von ihnen trägt einen Rucksack, aus dem Latten ragen. Eine offene Abteiltür des entgegenkommenden Zuges erfasst sie. Rund 100 Menschen werden »abgestreift« und unter die Räder geworfen, schreibt die Berliner Morgenpost und zieht drei Tage darauf Bilanz: 45 Tote. Später wird von 36 Toten und 45 Verletzten die Rede sein. Wie dem auch sei: Dies ist – bis heute – eines der schwersten Bahnunglücke in Berlin.

Vom 8. August 1924 an sind die Dampfzüge mit Abteilwagen auf der Vorortlinie nach Bernau dann Vergangenheit: Die erste S-Bahn-Strecke führt über Gesundbrunnen. Seit dem 1. Februar 1929 fährt auch die Ringbahn mit Strom.

Kurz nach dem Beginn des Zweiten Weltkriegs ereignet sich ein weiteres schweres Unglück am Bahnhof Gesundbrunnen. Am 8. Oktober 1939 fährt der Schnellzug D 17, auf der Fahrt vom Stettiner Bahnhof nach Saßnitz, gegen 21 Uhr 20 auf den Personenzug P 411 nach Stargard auf. Diesmal berichtet die Berliner Morgenpost von 23 Toten und 27 Verletzten. Über die Ursache teilt die Zeitung nichts mit. Vermutungen, die angeordnete Verdunkelung sei schuld, werden von offizieller Seite zurückgewiesen.

Im Kalten Krieg gehört der Bahnhof zu den Verlierern. Der Abstieg beginnt 1949: Die Bahnpolizei schießt auf streikende West-Berliner

Der Neubau des Empfangsgebäudes in den 1960er Jahren hat sich für die Reichsbahn nicht gelohnt. Im April 1983 wurde die S-Bahn in West-Berlin kaum noch genutzt.

Erneut ein Blick von der Swinemünder Brücke, April 1989: Auf den stillgelegten Bahnsteigen wachsen Bäume, daneben fährt eine S-Bahn nach Frohnau.

▷ Im Oktober 2003 bietet die Brücke wieder eine neue Aussicht – auf den Bau der Fern- und Regionalbahnsteige.

▷ Eine unterirdische Passerelle verbindet den Bahnhof mit der seit 1930 bestehenden U-Bahnstation.

Reichsbahner, die ihren Lohn in Westgeld fordern. Mit der Stilllegung des Nordbahnhofs am Abend des 17. Mai 1952 endet der Fern- und Vorortverkehr. Die Direktverbindungen nach Stralsund, Ueckermünde oder in die Schorfheide sind Vergangenheit. Nur die französischen Militärreisezüge von und nach Tegel bleiben übrig. Sie fahren ohne Halt durch.

Doch die S-Bahn rollt weiterhin über die Grenze. Am Bahnhof floriert ein Einkaufs- und Vergnügungsviertel. »Ich bin mit der S-Bahn oft zum West-Berliner Gesundbrunnen gefahren«, erzählt Volksbühnen-Intendant Frank Castorf, der im Osten der Stadt aufwächst, seinem Biografen Jürgen Balitzki. »Im ›Corso‹, gleich am Bahnhof, wurden (zum Umtauschkurs von 1:1) Filme gezeigt, oder Onkel Tobias vom Rias erzählte Märchen. Die Badstraße bestand damals noch aus lauter Holzbuden, wo Strickjacken in grauenvollen Neonfarben und Silastikhosen verkauft wurden.«

Mit Beginn des Mauerbaus am 13. August 1961 ist jedoch auch das vorbei. Das Viertel und

der Bahnhof geraten in eine Randlage, von der sie sich nicht so bald wieder erholen. Photo Knispel, Radio Schmidt, Fisch Wolleck und vielen anderen Einzelhändlern geht es schlecht. Das »Corso« mit seinen 1933 Sitzplätzen schließt, in dem Kino lagert der Senat Weizen und Konserven für den Notfall. Auch die »Record-Lichtspiele« und das »Neue Alhambra«, zwei weitere Grenzkinos in Bahnhofsnähe, machen dicht. Der »Pesthauch der Gangster-, Militaristen- und Horrorfilme wird nun durch eine fest gefügte Mauer aufgehalten«, freut sich die Ost-Berliner Filmdirektion.

Als die West-Berliner anfangen, die S-Bahn zu boykottieren, bleibt von dem Fahrgaststrom nur ein Rinnsal übrig, das 1980 fast vollends versiegt. Nach dem Ende des zweiten Reichsbahner-Streiks am 28. September wird auf dem Westteil des Rings der S-Bahn-Verkehr nicht wieder aufgenommen. Vom 9. Januar bis 30. April 1984 setzen auch die Nord-Süd-Gleise Rost an. Zwar hat der Senat die S-Bahn-Betriebsrechte von der Reichsbahn übernommen und

der BVG übertragen, doch er stellt bis auf zwei kurze Linien den Verkehr zunächst ein. Erst ab dem 1. Mai 1984 fahren wieder S-Bahnen (aus Lichtenrade) zum Gesundbrunnen. Dagegen verkommt der Ring weiter, weil der Senat andere Prioritäten setzt. Junge Bäume sprießen zwischen den Schwellen.

Erst Mitte der 1990er Jahre beginnt sich dieser Teil des Wedding zu wandeln. 1996 wird das Empfangsgebäude an der Behmstraße, das die Reichsbahn 1964/65 trotz sinkender Fahrgastzahlen errichten ließ, abgebrochen. Mit ihm verschwindet die Bahnhofsgaststätte, in der AEG-Mitarbeiter einst ihre Lohntüten leerten und bis zuletzt der Sparverein »Zur letzten Mark« getagt hat. Am 30. September 1997 wird das Gesundbrunnen Center eröffnet – mit 25 000 Quadratmetern Verkaufsfläche, mit mehr als hundert Geschäften, Selbstbedienungs-Warenhäusern und einer »Schlemmerzone«.

Im Schatten des massigen, an einen Passagierdampfer erinnernden Baus liegt der Bahnhof, in dem nichts Altes mehr übrig geblieben

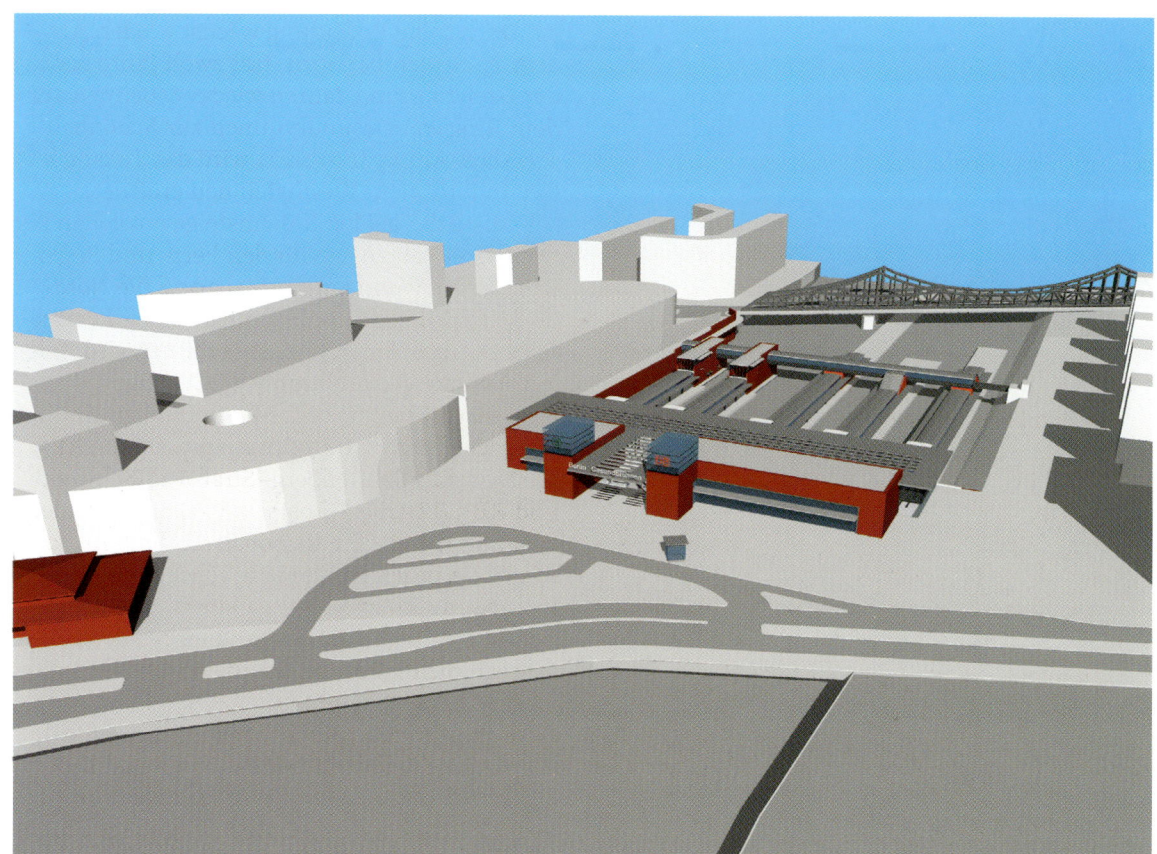

Die Grafik der Architekten zeigt den Bahnhofsvorplatz auf der Badstraßenbrücke, das Empfangsgebäude und die Swinemünder Brücke.

Blick in das geplante Empfangsgebäude, das alle Gleise überspannen soll. Ob und wann es errichtet wird, ist allerdings noch ungewiss.

ist. Doch seine Bedeutung wächst wieder. Ab dem 17. September 2001, fast zwölf Jahre nach der Grenzöffnung, fahren wieder S-Bahnen auf dem Ring von Gesundbrunnen zur Schönhauser Allee. Am 15. Juni 2002 wird das Teilstück Gesundbrunnen–Westhafen neu eröffnet.

Südlich der beiden S-Bahnsteige entstehen bis 2006 drei Bahnsteige für den Fern- und Regionalverkehr. Wenn am 28. Mai 2006 die Nord-Süd-Verbindung zum Hauptbahnhof – Lehrter Bahnhof und zur Papestraße eröffnet wird, sollen auch am Gesundbrunnen ICE-Züge abfahren – nach Frankfurt am Main, Stuttgart, München. Die Züge der Regionalexpresslinien RE 3 (Elsterwerda/Senftenberg–Stralsund/Schwedt) und RE 5 (Jüterbog–Rostock/Stralsund) werden ebenfalls halten. Die Regionalbahnlinie RB 10 von Nauen nach Lichtenberg sowie die »Heidekrautbahn« RB 27 kommen hinzu. Dies alles ist gut für die Bewohner des Berliner Nordens: Sie müssen nicht mehr ins Stadtzentrum fahren, um zum Zug zu kommen.

Im neuen Bahnhof sind viele Betonwände mit Backsteinen verblendet, das fällt auf. Die dunkelroten Klinker verweisen auf das von Alfred Grenander entworfene denkmalgeschützte Empfangsgebäude des U-Bahnhofs Gesundbrunnen, das sich ähnlich präsentiert. Andere Ideen der Berliner Architekten Ingrid Hentschel und Axel Oestreich, die nach einem Wettbewerb 1991 den ersten Preis erhalten haben, werden dagegen nicht realisiert. So sind die Pläne für fünf Turmbauten – vornehmlich mit Büros – in der Schublade verschwunden. Mangels Geld muss die Bahn auch dieses Projekt abspecken. Das betrifft selbst das Empfangsgebäude: Es wird ohne die dort zunächst ebenfalls vorgesehenen Büros und nur mit einem Fünftel der anfänglich eingeplanten Geschossfläche projektiert.

Geplant ist nun ein zweigeschossiges Bauwerk aus Stahl, Glas und Klinkern. Doch auch dafür müsste DB Station & Service 19,8 Millionen Euro an Eigenmitteln aufwenden. Geld, das zumindest mittelfristig nicht vorhanden ist. Darum wird ein Investor gesucht – eine Herausforderung angesichts der Konkurrenz durch das Gesundbrunnen Center. So ist nicht klar, wie sich der Bahnhof präsentieren wird, wenn nach 54 Jahren wieder Fern- und Regionalzüge dort halten. Doch selbst wenn das Reisezentrum vorerst in einem Containerbau unterkommen müsste: Dies wird einer der wichtigeren Bahnhöfe Berlins werden. Rund 60 000 Fahrgäste pro Tag werden am Gesundbrunnen erwartet.

Bahnhof
Gesundbrunnen

Görlitzer Bahnhof
Abgerissen, aber nicht vergessen

Die Front des Empfangsgebäudes zeigte zum Spreewaldplatz, doch der Eingang befand sich rechts, an der Wiener Straße. Foto von 1930.

Totgemachte leben länger. Den wie ein italienischer Palazzo anmutenden Klinkerbau gibt es nicht mehr. Doch die benachbarte Hochbahnstation heißt wie eh und je Görlitzer Bahnhof. Die Straßen tragen noch die Namen der Städte, die man von diesem Bahnhof erreichen konnte: Forst in der Lausitz, Lübben im Spreewald, Liegnitz, heute Legnica in Polen.

2003 lieferte der virtuelle Bahnhof sogar den Titel für den Ohrwurm »Görli, Görli«, dem kein Radiohörer in Berlin entgehen konnte. »Oh Mann, wir wohn' ja nu Görli Görli / Alta, dit macht da fix und ferti … Da is det Leben völleigh quirleigh«, singt »Plattenreiter« P. R. Kantate alias Richard Haus, der in Kreuzberg aufgewachsen ist. Der Görlitzer Bahnhof ist

Vergangenheit. Doch auf eigentümliche Weise ist er im Bewusstsein geblieben.

Von 1852 an versuchen Unternehmer und Kaufleute aus der Niederlausitz, den preußischen Staat für den Bau einer Bahn nach Cottbus zu gewinnen. Doch der Finanzminister hat Angst, dass sie anderen Strecken Konkurrenz bereitet. Der Kriegsminister wiederum fürchtet, dass Österreich sein Militär auf diesem Weg von Böhmen ins Herz Preußens schicken könnte. Selbst als der Prinzregent 1858 durch Kabinettsorder zu entscheiden geruht, dass die Bahn nun doch gebaut werden soll, gibt es Probleme. Denn das Kriegsministerium verlangt teure Befestigungsanlagen. Das Projekt geht erst voran, als Bethel Henry Strousberg einsteigt.

Mit dem Geld, das er von Fabrikanten, Adligen und Gutsherren einsammelt, beginnt 1865 der Bau der Görlitzer Bahn. Der Rittergutbesitzer und Unternehmer steigt zum »Eisenbahnkönig« mit 3000 Kilometern Strecke und 100 000 Beschäftigten auf. Inzwischen ist auch der Kriegsminister Feuer und Flamme. Albrecht Roon erreicht, dass die Strecke im Juni 1866 provisorisch fertig gestellt wird – als strategische Verbindung für den Böhmen-Feldzug gegen Österreich. Strousberg landet übrigens später als Kreditbetrüger im Gefängnis. Er stirbt verarmt im Jahre 1884.

Nachdem Preußen gesiegt hat, beginnt am 13. September 1866 die zivile Nutzung der Strecke mit einem regulären Personenzugbetrieb ins damalige Kottbus. Ab dem 31. Dezember 1867 fahren die Züge weiter nach Görlitz. Nach den Plänen von August Orth, der später auch den Hauptbahnhof von Frankfurt am Main entwirft, entsteht bis Anfang 1868 der Görlitzer Bahnhof. Ein Ziegelrohbau mit gelben Verblendsteinen, violetten Streifen, Gesimsen aus gebranntem Ton im Stil eines italienischen Palazzos. Der Nordwestgiebel der Halle wird durch einen Kopfbau abgeschlossen, der durch turmbekrönte Eckbauten eingefasst ist. Hier befinden sich das »Königszimmer«, ein Wartesaal und der Ausgang für ankommende Fahrgäste. Wer abreist,

nutzt in einem lang gestreckten Nebengebäude entlang der Wiener Straße einen Seiteneingang.

Zu Beginn steht der Görlitzer Bahnhof auf der grünen Wiese, genauer gesagt: auf dem Köpenicker Feld, das sich jenseits der ehemaligen Berliner Stadtmauer nach Südosten erstreckt. Doch das ändert sich. Denn in der fünfgleisigen, fast 38 Meter breiten und 148 Meter langen Halle aus Eisen kommen Tag für Tag Menschen aus Schlesien, dem Spreewald, der Lausitz an, die in Berlin ihr Auskommen suchen. Bald ist der Bahnhof von Mietshausvierteln eingerahmt. Aus der Lausitz treffen auch Briketts und Kohle ein. Ein Teil dieser Fracht wird über die Verbindungsbahn zur Städtischen Gasanstalt in die Gitschiner Straße befördert. Das bis 1871 bestehende Anschlussgleis, das der Eisenbahnstraße den Namen gibt, nutzen auch die Militärzüge zur Wrangel-Kaserne. Eisenbahner gehen den Loks mit einer Glocke voran, ein frustrierender Job. Denn oft legen sich »total betrunkene Personen sträflicherweise quer auf die Schienen«, heißt es in der Presse. Kreuzberger Nächte sind offenbar schon zu dieser Zeit lang.

1873 beginnt der zweigleisige Ausbau der Görlitzer Bahn, 1874 werden neue Haltepunkte regulär bedient. Etwa »Hankels Ablage – Zeuthen« oder »Neuer Krug«, heute Schöneweide. Im Spreewald erblüht ein Tagestourismus, den

1946 war der Bahnhof trotz großer Bombenschäden schon wieder einige Zeit in Betrieb. Sogar Fernverkehr gab es: Ein »Schnellzug« fuhr in rund zehn Stunden nach Dresden.

GÖRLITZER BAHNHOF

es heute noch gibt: mit Kahnfahrten, Meer-
rettich- und Leinölverkostungen, Trachten-
Folklore. Der Vorort- und Regionalverkehr
beherrscht die Görlitzer Bahn von Anfang an.

1934 fahren im Görlitzer Bahnhof täglich
21 Vorort-, zwölf Personen-, drei Eil- und zwei
Schnellzüge ab. 289 200 Fahrgäste steigen in
jenem Jahr ein. Görlitz ist zwei Stunden und
56 Minuten entfernt. In der kalten Jahreszeit
schleppen Winterurlauber Skier durch die Halle;
die Reise nach Hirschberg im Riesengebirge
(heute Jelenia Gora) dauert nur vier Stunden.

Schon in den 1930er Jahren gibt es bei der
Reichsbahn die Überlegung, den »Görlitzer« zu
schließen – und den Verkehr zu dem in Tempel-
hof geplanten Südbahnhof zu verlegen. Doch
das Ende des Bahnhofs kommt erst nach dem
Zweiten Weltkrieg. Zwar rollen schon am 8. Juni
1945 wieder Züge nach Grünau. Und von Juli
1945 bis Ende September 1946 findet sogar
nochmals Fernverkehr statt – anfangs gibt es
unter anderem einen Schnellzug, der in knapp
zehn Stunden nach Dresden fährt. Später entstehen sogar Pläne zum Wiederaufbau des Lok-
schuppens. Doch am 29. April 1951 ist es dann
trotz allem so weit: Um 20 Uhr 45 verlässt der
letzte Reisezug den »Görlitzer«. Die Lage in
West-Berlin wird auch diesem Kopfbahnhof
zum Verhängnis. Ein Zugzielanzeiger kündigt
noch eine Abfahrt nach Krakau an, doch der
Rost beginnt sein Werk.

Das Bahnhofsgebäude selbst ist im Krieg zwar
ausgebrannt, wird aber anschließend noch be-
wohnt. Selbst die Türme sind mehr oder weniger
erhalten geblieben, auch Teile der Halle. Doch
es hilft nichts: Der Palazzo im grauen Osten
Kreuzbergs steht im Weg. Über das 14 Hektar
große Bahngelände soll die Südtangente verlaufen, eine Stadtautobahn, die von Ost nach West
durch Kreuzberg geschlagen werden soll. Als
Zuckerguss für diesen Plan sind ein Sommer-
bad, eine Kindertagesstätte und ein 40 Meter
schmaler Grünstreifen geplant. 1960 schreibt
die »Welt am Sonntag«: »Auch von diesem
Bahnhof muss Berlin Abschied nehmen.«

Inzwischen haben Ost-Berliner Bauarbeiter
mit dem Abriss eines Schuppens begonnen.
Nachdem am 14. Februar 1961 ein Zwei-Kubik-
meter-Gewölbestück des einstigen Fürstenein-
gangs herabgestürzt ist, werden die ersten
Sprengungen beschlossen. Am 15. Juni 1967 fallen die letzten Reste des Empfangsgebäudes in
sich zusammen. Denkmalpfleger wollen die 16
Säulen des Portikus retten, um sie in einer Gar-

Der Görlitzer Bahnhof
1961: Einige Buchstaben
des Namenszuges waren
bereits abgefallen, und auf
dem rechten Turm wuchs
ein Baum. Die Fassade
wirkte dagegen erstaunlich
heil. Der Abbruch war
jedoch bereits beschlossen.

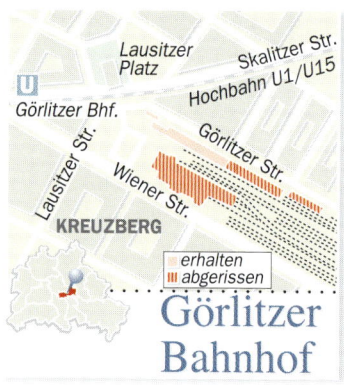

Wo einst Züge nach Cottbus oder Breslau fuhren, erstreckt sich seit den 1980er Jahren der Görlitzer Park. Der alte Güterschuppen ist eines der letzten Bahnhofsrelikte.

tenanlage auszustellen. »Kein Geld«, heißt es im Bezirksamt, also kommen auch diese Bauteile auf die Kippe. Am 4. November 1975 ist die Abrissgrube verfüllt, die Abtragung beendet. Nur ein paar Güterschuppen bleiben verschont. Auch das Direktorial-Wohngebäude der Berlin-Görlitzer Eisenbahn gibt es heute noch. Das Haus Görlitzer Straße 74 steht unter Denkmalschutz.

Güterzüge steuern das Gelände auch nach dem Abriss des Bahnhofs noch an – vom Güterbahnhof Treptow im Bezirk Neukölln aus müssen sie zweimal schwer bewachte DDR-Grenztore passieren. 1974 werden 8233 Güterwagen angeliefert und 313 versandt. Ein Mörtelwerk, eine Chemikalienhandlung, eine Schrottpresse und andere Firmen halten Teile des Areals besetzt. Doch Anwohner erreichen in zäher Arbeit, dass die Dreckecke verschwindet.

Ende der 1970er Jahre, als die Bürger die »Strategien für Kreuzberg« erstreiten, wird die Autobahnplanung zu den Akten gelegt. Der Verein »Görlitzer Park« setzt sich dafür ein, hier eine Grünanlage einzurichten. 1983 pflanzt das Gar-

tenbauamt Kreuzberg die ersten Bäume. 1985 rumpelt zum letzten Mal ein Güterzug auf das Gelände.

Gegner der Parkpläne befürchten, dass die Anlage reiche »Yuppies« anlocken könnte. Bewusst wird an der Beleuchtung gespart, weil ein Glitzerding unerwünscht ist – was sich aber ändert, nachdem im Dunkeln Vergewaltigungen geschehen. Aber inzwischen hat sich der Görlitzer Park etabliert. Der Bahnhof besteht nicht mehr. Doch als »Görli, Görli« wird er auch in Zukunft zu Berlin gehören.

Hauptbahnhof – Lehrter Bahnhof
Der strahlende Solitär an der Spree

Ein Bauwerk, das Aufmerksamkeit erregt – in verschiedener Hinsicht: Die einen sehen nördlich der Spree den grandiosesten Bahnhof Berlins emporwachsen. Andere staunen auf der Aussichtsplattform an der Invalidenstraße über das immense Puzzlespiel, das sich vor ihnen auftut. Wieder andere fragen sich, wo wohl die vielen Fahrgäste herkommen werden, die das riesige Bauwerk einmal auslasten sollen. Ausgerechnet der Mann, der hier den Überblick behalten muss, legt eine fast schon aufreizende Gelassenheit an den Tag. »Im Grunde ist es so, als müsste man zu Hause die Küche umbauen«, sagt Bauingenieur Hany Azer. »Natürlich sind die Dimensionen nicht zu vergleichen. Aber für die Küche und den Bahnhof gilt: Du brauchst

einen Plan, genug Geld, und du musst zusehen, dass dich die Beteiligten ernst nehmen.«

Solche Gelassenheit ist keineswegs mit Gleichgültigkeit zu verwechseln – Azer ist mit ganzem Herzen dabei. »Du lebst und denkst in deinem Projekt«, sagt der Sohn eines Eisenbahn-Ingenieurs aus Kairo. Der Mann von der DB ProjektBau GmbH ist jemand, der schon mal in wenigen Wochen einige Kilo abnimmt, wenn das Projekt eine schwierige Phase durchläuft. Er nimmt klaglos schlaflose Nächte in Kauf. »Manchmal träume ich nachts von dem Bahnhof. Dann wache ich auf, suche einen Stift und schreibe schnell auf, was mir eingefallen ist.« Azer verbringt sogar freiwillig manchen Wochenendtag auf der Baustelle am Nordrand

Monteure auf dem Ost-West-Dach des größten Kreuzungsbahnhofs Europas. Die Konstruktion wurde 2002 in nur vier Monaten errichtet.

▷ Nur für Schwindelfreie. Der First des Ost-West-Daches verläuft 27 Meter über dem Boden.

Ende 2003 begann im Tiergartentunnel der Einbau eines Schallschutzes. Verkehrszeichen und Arbeiter regelten den Lkw-Verkehr.

In der unterirdischen Halle halten von 2006 an Züge. Die beeindruckende Deckenkonstruktion wird dann hinter einer Verkleidung verschwunden sein.

▷ Der Macher inspiziert sein Reich: Projektleiter Hany Azer im Tunnelschott unter der Spree.

Trotz seiner Größe wirkt das Ost-West-Dach erstaunlich filigran.

des Parlaments- und Regierungsviertels. Nicht selten besucht ihn dort der DB-Vorstandsvorsitzende Hartmut Mehdorn, der die Baustelle von seinem Büro im 25. Stock des Sony Centers aus stets im Blick hat. Dann laufen Azer und sein Chef in Gummistiefeln durch den hellgrauen Matsch und blicken in Abgründe, die mit Holzlattenzäunen nur provisorisch gesichert sind.

Wer die zehn Hektar große Buddelkiste besichtigt, sollte entsprechend Zeit mitbringen. Um die neun bis zu 25 Meter tiefen Baugruben auszuheben, wurden anderthalb Millionen Kubikmeter Erdstoff vom Humboldthafen aus verschifft. Wäre diese Menge auf der Straße befördert worden, – die Lkw-Schlange hätte bis zur französischen Atlantikküste gereicht. Eine halbe Million Kubikmeter Beton wird in den Rohbauten verar-

beitet – genug für 65 Kilometer Autobahn oder für ein Duplikat des 5,8 Kilometer langen Berliner S-Bahn-Tunnels. Wenn der Bahnhof fertig ist, wird er eine Fläche von 175 000 Quadratmetern umfassen. 15 000 Quadratmeter sind für Handel und Gastronomie bestimmt; das entspricht einem Viertel der Fläche des KaDeWe.

Der unterirdische Teil des Bahnhofs gehört zur neun Kilometer langen Nord-Süd-Verbin-dung. In 15 Metern Tiefe, auf der Ebene minus zwei, weitet sich der viergleisige Tiergartentunnel zu einer Halle auf. Unter Tonnengewölben wird es für Fern- und Regionalzüge acht Gleise und vier Bahnsteige geben. Östlich anschließend sind weitere Rohbauten fertig: die Endstation der U-Bahn-Linie 5 zum Alexanderplatz und die Decke des Bahnhofs für die S-Bahn-Linie 21, die zum Nordring führen wird.

Die Baustelle 2002 im Eck zwischen Spree (oben), Humboldthafen und Invalidenstraße. Am unteren Rand ist rechts die Einfahrt in den Tunnel der Bundesstraße 96 zu sehen.

Darüber liegt, immer noch 7,5 Meter unter der Erde, die Ebene minus eins. Hier entsteht ein Übergang zu dem Parkhaus mit 900 Stellplätzen, das von der Bundesstraße 96 aus befahren werden kann (deren Tunnel soll 2005 fertig sein). Die Ebene null wird die Eingangshalle mit dem Reisezentrum, zwei Shopping-Galerien und ein Imbiss-Zentrum, neudeutsch »Food Court«, aufnehmen. Als Nächstes folgt die Ebene eins: 4,5 Meter über der Erdoberfläche soll es weitere Läden und Gastronomie geben, außerdem ein »Sky Café« mit Blick zum Reichstag sowie eine DB Lounge. Das fünfte Geschoss, die Ebene zwei, trägt in fast zehn Metern Höhe den Verkehr in Ost-West-Richtung. Erstaunlich filigran wirkende Stützen aus Stahl geben den Spannbeton-Viadukten Halt. Der S-Bahnsteig ist seit dem 4. Juli 2002 in Betrieb. Auf den beiden Bahnsteigen für den Fern- und Regionalverkehr sollen ab dem 28. Mai 2006 Fahrgäste ein- und aussteigen können. Dann geht der Bahnhof in Betrieb – ganz fertig wird der Riesenbau dann jedoch noch nicht sein.

Alles in allem also ein großes Pensum für Baustellen-Spaziergänge. Was die Interessierten aber nicht abschreckt, in Scharen zu kommen. »Pro Monat haben wir mehrere Dutzend Besuchergruppen hier«, berichtet Azer. Weil dieses Bauprojekt kaum zu übersehen ist, weckt es Interesse. Das gilt vor allem für die beiden Teile des Ost-West-Dachs, das die Bundesingenieurkammer als »technisch anspruchsvollstes Einzelprojekt« in Berlin bezeichnet.

Die Dachkonstruktion ist zwischen 59 und 68 Meter breit und über der Bahnsteigkante knapp 17 Meter hoch. Kein Element gleicht dem anderen – was auch für die 9117 Scheiben aus Verbundsicherheitsglas gilt. Bis zu 68 Millimeter dicke Stahlseile, insgesamt mehr als 85 Kilometer lang, halten das Dach stabil. An der Unterseite soll ein vollautomatischer Roboter mit ausklappbarem Arm das Glas, eine Fläche von 20 000 Quadratmetern, säubern. Das Dach, das die sechs in einer Kurve verlaufenden Gleise der Stadtbahn überspannt, trägt die größte Solarstrom-Anlage Berlins. 780 Fotovoltaik-Module, auf 1870 Quadratmetern angebracht, fangen Sonnenenergie ein. Jährlich soll die Anlage 160 000 Kilowattstunden Strom ins Bewag-Netz einspeisen.

Eigentlich sollten die drei Bahnsteige auf einer Länge von rund 430 Metern überdacht werden. So hat es der Architekt Meinhard von Gerkan geplant. Doch nun erhalten die Bahnsteige nur auf 321 Metern Länge einen Wetterschutz. Der Westteil des Daches ist 172 Meter, der Ostteil 107 Meter lang – die Lücke dazwischen muss noch vom Nord-Süd-Dach geschlossen werden. Nicht 34 tragende Stahlbögen sind aufgestellt worden, sondern nur 23. Die übrigen Binder lagern unter der Westeinfahrt des Ostbahnhofs, im Viadukt an der Koppenstraße. Ideen, sie am Gesundbrunnen oder bei einem anderen Bahnhofsprojekt zu verwenden, erwiesen sich bislang als nicht realisierbar.

Azer begründet die Verkürzung: »Es ging nicht anders. Nur so konnten wir noch einen optimalen Bauablauf hinbekommen.« Anders gesagt: Wäre das Dach nicht umgeplant worden, hätte sich die Fertigstellung des gesamten Bahnhofs verzögert – bis 2008, vielleicht sogar bis 2009, eine Verspätung um rund sieben Jahre.

Während einer denkwürdigen Sitzung Ende 2001 führt Azer seinem Chef die drohende Verzögerung vor Augen. »Mehdorn war außer sich«, erinnert sich jemand, der dabei gewesen ist. »Der war lange Zeit nicht wieder aufzugleisen.« Der Vorstandsvorsitzende bestimmt: Das Dach fällt kürzer aus. Von Gerkan ist davon, um es gelinde zu sagen, wenig erbaut. Doch Mehdorn bleibt dabei – auch wenn die Kosten dadurch steigen: Die Umplanung kostet Geld, wichtige Elemente wie Glasscheiben und Hallenschürzen müssen neu hergestellt werden. Das Kalkül: Wenn die beiden Dachteile früher fertig sind, kann darunter der Verkehr auch früher beginnen. Das wiederum erlaubt es, das alte Stadtbahn-Viadukt eher abzutragen und darunter die letzte Baugrube aufzugraben. So kommt es: Im Juli 2002 beginnt der Abriss des Lehrter Stadtbahnhofs, der zuvor aus dem Denkmalschutz entlassen worden ist. Seine Steine werden zu Straßenbaumaterial zerschlagen, bis auf einige große Ziegelblöcke, die möglicherweise in den neuen Bahnhof integriert werden. Am 1. Oktober 2002 wird der Bau der Grube B in Angriff genommen.

Damit ist das 1995 begonnene Bauprojekt, das lange unter mangelnder Koordination zwischen Planung und Ausführung litt, wieder im Zeitplan. Zwar klagt das Land Berlin gegen die Verkürzung des Daches, weil es den Wert der umliegenden Baugrundstücke mindere, doch das Bundesverwaltungsgericht weist die Klage am 21. Mai 2003 ab.

Auch die Entscheidung über den Bahnhofsnamen fällt letztlich Mehdorn. In Absprache mit Stadtentwicklungssenator Peter Strieder legt er fest: »Hauptbahnhof – Lehrter Bahnhof«. Zum einen werde diese Bezeichnung der Tradition gerecht – ungefähr hier stand der Lehrter Bahnhof. Zum anderen betone der Name die künftige Funktion als zentraler Fernverkehrsbahnhof, der mit dem abgerissenen Kopfbahnhof nicht zu vergleichen sei. Dagegen hatten sich die 7860 Berlinerinnen und Berliner, die zuvor, im Sommer 2002, an einer offiziellen Umfrage teilnahmen, erstaunlich konservativ gezeigt: Fast 70 Prozent votierten für »Lehrter Bahnhof«. Doch die Realschüler aus Lehrte, die 8400 Unterschriften für die alte Bezeichnung gesammelt hatten, sind mit dem Entschluss Mehdorns zufrieden. Schließlich erinnere nun zumindest der Zusatz an die niedersächsische Stadt, die dem früheren Bahnhof den Namen gab. Schon am 13. Dezember 2002 werden die neuen Schilder montiert. Damit hat außer Gevelsberg in Nordrhein-Westfalen nun auch Berlin einen Hauptbahnhof, an dem nur S-Bahnen halten – jedenfalls bis Mitte 2006. Eine weiteres Merkmal des Namens ist einzigartig: Das Wort Bahnhof kommt gleich zweimal vor. Der lange Name gilt bahnintern aber als »touristische Version«. »Schreibweise in allen Printmedien vorrangig immer: Berlin Hauptbahnhof«, heißt es in einer Empfehlung. Auf den Wegweisern, die der Senat aufstellt, wird der Zusatz ebenfalls fehlen.

Seit 1994 ist Azer, der an der französischen Schule von Kairo Abitur gemacht hat, in Berlin. »Hier ist alles da, was sich ein Ingenieur nur wünschen kann« – Findlinge, die der neun Meter hohen Tunnelbohrmaschine unter dem Tiergarten den Weg versperren, viel Grundwasser, Kriegsmunition im Boden und andere Herausforderungen. Azer meistert auch den Bau des Tiergartentunnels und die Spree-Verlegung: Zwei Jahre lang nimmt der Fluss südlich des neuen Bahnhofs einen anderen Lauf, weil im Flussbett der Tunnel gebaut wird. Bei manchen Kollegen gilt der Ägypter anfangs als »Exot«. Aber er behauptet sich und erhält immer mehr Aufgaben, schließlich auch die Projektleitung für den Bahnhof.

Ein Querschnitt durch Berlins Bahnhof der Superlative.

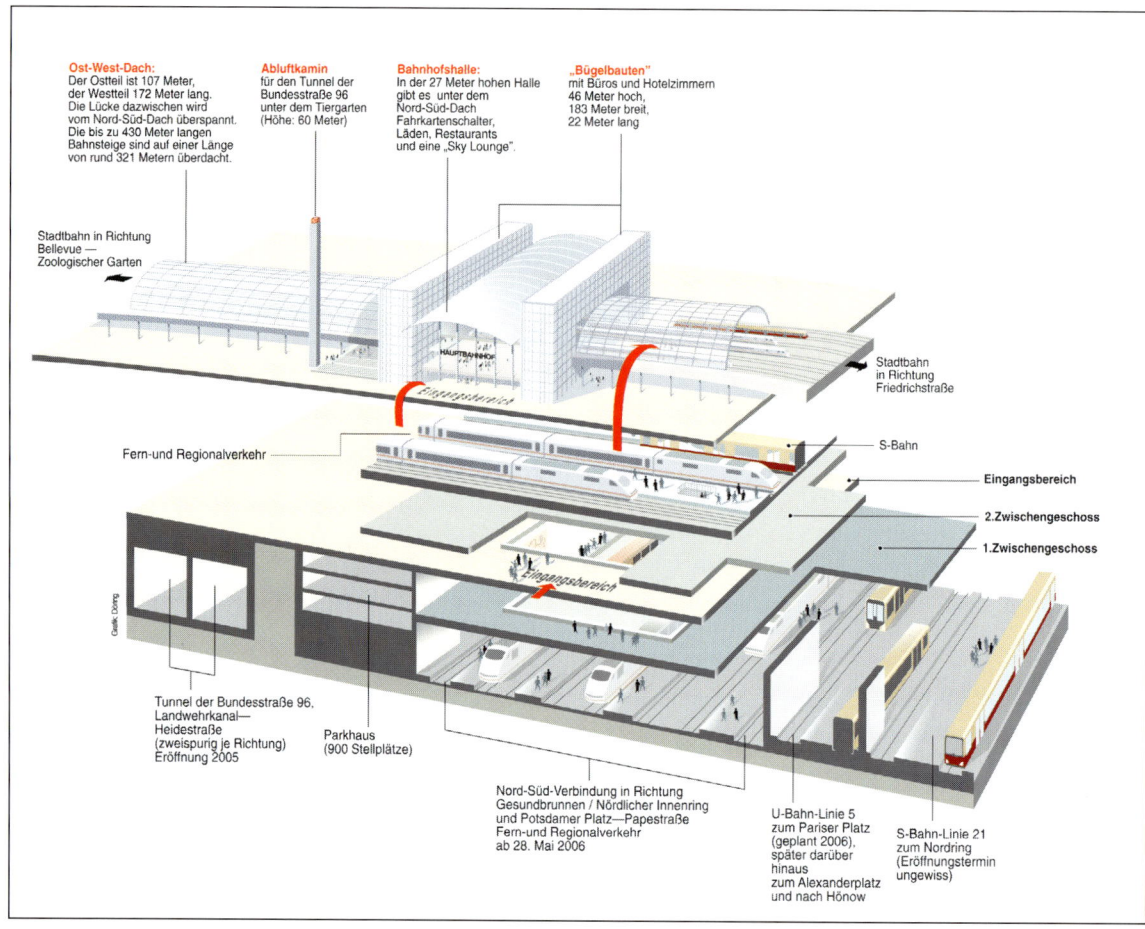

Ost-West-Dach:
Der Ostteil ist 107 Meter, der Westteil 172 Meter lang. Die Lücke dazwischen wird vom Nord-Süd-Dach überspannt. Die bis zu 430 Meter langen Bahnsteige sind auf einer Länge von rund 321 Metern überdacht.

Abluftkamin
für den Tunnel der Bundesstraße 96 unter dem Tiergarten (Höhe: 60 Meter)

Bahnhofshalle:
In der 27 Meter hohen Halle gibt es unter dem Nord-Süd-Dach Fahrkartenschalter, Läden, Restaurants und eine „Sky Lounge".

„Bügelbauten"
mit Büros und Hotelzimmern 46 Meter hoch, 183 Meter breit, 22 Meter lang

Stadtbahn in Richtung Bellevue — Zoologischer Garten

HAUPTBAHNHOF

Eigangsbereich

Fern- und Regionalverkehr

Stadtbahn in Richtung Friedrichstraße

S-Bahn

Eingangsbereich

2. Zwischengeschoss

1. Zwischengeschoss

Grafik: Döring

Tunnel der Bundesstraße 96, Landwehrkanal — Heidestraße (zweispurig je Richtung) Eröffnung 2005

Parkhaus (900 Stellplätze)

Nord-Süd-Verbindung in Richtung Gesundbrunnen / Nördlicher Innenring und Potsdamer Platz — Papestraße Fern- und Regionalverkehr ab 28. Mai 2006

U-Bahn-Linie 5 zum Pariser Platz (geplant 2006), später darüber hinaus zum Alexanderplatz und nach Hönow

S-Bahn-Linie 21 zum Nordring (Eröffnungstermin ungewiss)

Die Baustelle ist nicht nur für Hany Azer ein Ort der Bewährung. Fünf Bauherren, darunter DB Station & Service, gibt es. Mehr als 100 Ingenieurbüros und über 40 Baufirmen sind beteiligt. Die Liste liest sich wie ein Branchen-Who's-who – sie enthält die Namen Bauer Spezialtiefbau, Max Bögl, BUG, Bunte, Eichholz, Dr. H. Franke, Oevermann, Porr Technobau, Schüßler-Plan, Spie Spezialtiefbau, Strabag und Walter Bau. Mero baute das Dach, Layher das dafür erforderliche Gerüst. Das Ingenieurbüro Schlaich, Bergermann und Partner plante das Tragwerk. Rawent in Polen fertigte die Dachbinder. Die Fotovoltaikanlage wurde von Engcotec installiert.

Die nächste Herausforderung wird 2005 der Bau der 183 Meter breiten und 22 Meter langen Hochhäuser, die das Ost-West-Viadukt überspannen – auch wenn dieser Teil des Projekts immer wieder in Frage gestanden hat und die Mietersuche sich schwierig gestaltet. Die Bahn will die beiden Zwölfgeschosser selbst errichten. Die Bauten sollen auf einer vermietbaren Fläche von 41 055 Quadratmetern Büros und Hotel-

zimmer aufnehmen. Mit 46 Metern werden sie zehn Meter höher als das Bundeskanzleramt sein. Zwischen ihnen wird das 220 Meter lange Nord-Süd-Dach eingeschoben. Schon 2004 entsteht aus Glasbausteinen ein rund 60 Meter hoher Abluftkamin für den Straßentunnel.

Die Bahn hat große Erwartungen. Nach einer Vorhersage aus den 1990er Jahren, die seitdem nicht aktualisiert worden ist, rechnet man mit täglich 240 000 Nutzern, davon 110 000 Fahrgästen im Fern- und Regionalverkehr. Pro Tag sollen unten 490 und oben 260 Züge halten, S-Bahnen nicht gezählt. 53 Fahrtreppen, fünf feste Treppen und 14 Aufzüge werden die Höhenunterschiede überwinden. Auf 700 Millionen Euro werden die Baukosten geschätzt, anfangs waren 400 Millionen veranschlagt.

Der neue Bahnhof ist als zentraler Bahnhof für die Hauptstadt geplant. Dies ist ein Bruch mit der Berliner Tradition, auf mehrere dezentrale Zugangsstellen und leichte Erreichbarkeit zu setzen – und weniger Wert zu legen auf das möglichst bequeme Umsteigen für die wenigen Fahrgäste, die in Berlin den Zug wechseln. Ein-

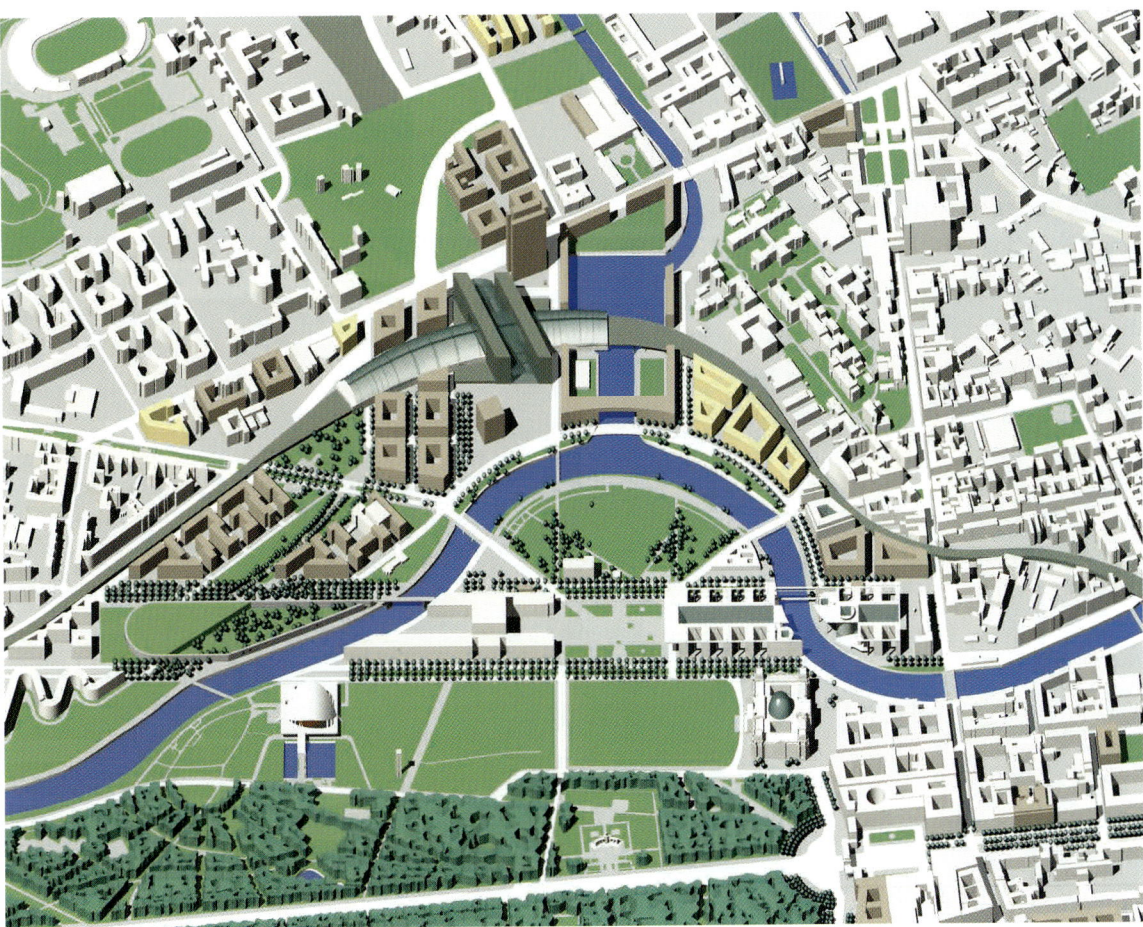

Ein Hochhaus markiert das neue Stadtviertel, dessen Mittelpunkt der Bahnhof wird. Die beiden »Bügelbauten«, die das Viadukt überspannen, sollen von 2005 an entstehen.

heimische Bahnkunden müssen sich nun umstellen. Viele Züge werden den Bahnhof Zoo und den Ostbahnhof nicht mehr ansteuern, weil sie über die Nord-Süd-Verbindung geleitet werden. Doch ob die Reisenden tatsächlich in erwartetem Maße den neuen Bahnhof im Zentrum nutzen werden, ist noch nicht ausgemacht. Denn an der Papestraße und am Gesundbrunnen entstehen Alternativen; von dort droht Konkurrenz – auch deshalb, weil die beiden neuen ICE-Haltestellen mit dem Nahverkehr besser zu erreichen sind als der strahlende Solitär an der Spree. Abgesehen von den S-Bahn-Linien auf der Stadtbahn und Bussen soll es 2006 nur eine Straßenbahnstrecke (aus Richtung Prenzlauer Berg) geben. Für die Fertigstellung der S 21 zum Nordring gibt es noch keine Finanzierungsvereinbarung und noch keinen Termin. Ungewiss ist auch, wann der vom Senat aus Spargründen unterbrochene Bau der U-Bahn-Linie 5 zum Alexanderplatz wieder aufgenommen wird. Zwar fordert der Bund, dass die Arbeiten spätestens 2010 weitergehen, doch angesichts der Finanzlage Berlins gibt es Zweifel. Von 2006 an könnte

es wenigstens einen Inselbetrieb in dem im Rohbau fertigen Westteil geben: Ein U-Bahn-Zug würde dann zwischen dem Hauptbahnhof – Lehrter Bahnhof und dem Pariser Platz pendeln.

Im innerstädtischen Wettbewerb wird der erste Berliner Zentralbahnhof auf andere Weise Punkte sammeln. Seine monumentale, aber filigrane und lichte Architektur schafft eine Anziehungskraft, die sich auch in Fahrgast- und Besucherzahlen niederschlagen könnte. Denn eine so selbstbewusste Inszenierung des Verkehrsmittels Eisenbahn hat es – vom Anhalter Bahnhof abgesehen – in Berlin bisher nicht gegeben. Wer künftig durch den Norden der Innenstadt fährt, wird dem Anblick der zwei Zwölfgeschosser und des Daches nicht entgehen können.

Welche Aufgabe Hany Azer übernimmt, wenn der neue Bahnhof fertig ist, weiß er noch nicht. Er will es auch gar nicht wissen. »Ich plane nie für meine Zukunft. Das habe ich auch 1973 nicht getan, als ich nach Deutschland kam – ohne Deutsch zu sprechen«, sagt der Projektleiter. Und lächelt. Ganz gelassen.

Hauptbahnhof
Lehrter Bahnhof

Lehrter Bahnhof
Das falsche Schloss

Die prachtvolle Fassade, um 1900 von der Spree aus gesehen. Das Portal hatte keinen Eingang für Fahrgäste, selbst das Entree für den Kaiser befand sich im rechten Pavillon.

Es soll wie ein Schloss ausgesehen haben. Doch das Bauwerk hielt nicht, was der Prunk versprach. Die Fassade des Lehrter Bahnhofs wirkte so, als wäre sie aus teurem Naturstein. Tatsächlich bestand sie aus hell verputzten Ziegelformteilen, die um einiges preiswerter sind. Auch das triumphbogenartige Portal war eine Irreführung. Die Fahrgäste durften nicht vorn eintreten, sie mussten durch seitliche Türen schlüpfen. Im Umkreis befanden sich ein Gefängnis und eine Kaserne, später auch der »Universum-Landesausstellungspark« (ULAP) und der Rundbau der Hohenzollerngalerie – jedoch keinerlei Wohn- und Geschäftshäuser. Kein Wunder also, dass eine Zeitung über das falsche Schloss spottete: »Soweit das Auge

blicken kann, nirgends ein Gebäude, dessen Insassen diese Haltestelle benutzen könnten.«

Nachdem der preußische Handelsminister Graf Heinrich August von Itzenplitz 1868 dem Bahnhofsbau zugestimmt hat, beschweren sich Anlieger über den drohenden Verlust der Spreewiesen. Doch es hilft nichts: Von Herbst 1869 an entsteht am Friedrich-Karl-Ufer, später Washingtonplatz, ein Kopfbahnhof in den Formen der italienischen Hochrenaissance. Die Front zeigt zur Spree, zwei Seitenflügel flankieren die 188 Meter lange, knapp 38,3 Meter breite und 27 Meter hohe Halle. Das fensterlose Dach aus Zinkwellblech und Eisenfachwerkbindern überspannt fünf Gleise. Die Westseite ist für die ankommenden, die Ostseite für die abfahrenden

Die Halle 1879. Eisenfachwerk und Zinkwellblech überspannten fünf Gleise und drei Bahnsteige.

Die zwischen 1905 und 1928 entstandene Luftaufnahme zeigt, wie isoliert der Bahnhof lag. Links im Foto der Rundbau der Hohenzollerngalerie und der Ausstellungspark ULAP.

1956 gehörte die Halle zu den meistfotografierten Halbruinen Berlins. Am 28. August 1951 wurde der Lehrter Bahnhof für den Personenverkehr stillgelegt.

Im November 1932 rollte der »Fliegende Hamburger« zu einer Testfahrt aus dem Lehrter Bahnhof. Als der Triebwagen 1933 seinen regulären Betrieb aufnahm, war er der schnellste Reisezug der Welt.

Reisenden vorgesehen. Selbst das »Entrée für Seine Majestät den Kaiser« liegt seitlich, im südöstlichen Eckpavillon.

Die Berliner Architekten Alfred Lent, B. Scholz und Gottlieb Henri La Pierre haben den Auftrag von der Königlich-Preußischen Eisenbahndirektion erhalten. La Pierre zieht sogar zur Werftstraße 1, um seiner Baustelle nahe zu sein.

Die über weite Abschnitte geradlinige Lehrter Bahn wird der schnellste Weg von Berlin nach Westen. Am 15. Juli 1871 wird das Teilstück nach Spandau eröffnet, am 1. Dezember 1871 beginnt der Personenverkehr auf der Gesamtstrecke. 1872 nimmt hier ein Expresszug mit dem zu dieser Zeit sagenhaften Tempo 90 seinen Betrieb auf. Das falsche Schloss wird auch die Endstation der Hamburger Bahn, nachdem der 1846 eröffnete Hamburger Bahnhof an der Invalidenstraße bereits 1884 für den Verkehr geschlossen worden ist. Der einzige bis heute erhaltene Berliner Kopfbahnhof beherbergt seit 1996 Kunstausstellungen.

Vor allem der Verkehr nach Hamburg, Bremen und darüber hinaus läuft nun über den Lehrter Bahnhof. Zur Unterscheidung vom Stadtbahnhof wird er zuweilen Lehrter Hauptbahnhof genannt. Am 15. Mai 1933 rast erstmals der »Fliegende Hamburger« in zwei Stunden und 18 Minuten nach Hamburg. Der dieselelektrische Triebwagen, der als Fernschnellzug (FD) 2 eine Reisegeschwindigkeit von 124,8 Kilometern pro Stunde erreicht, ist schon vom Start weg für Wochen ausgebucht. 1934 nimmt der Bahnhof mit 433 000 abreisenden Fahrgästen Platz fünf unter den Berliner Bahnhöfen ein. Auch wer nach Sylt, Amrum oder Helgoland reisen will, begibt sich hierher. Doch da diese Urlaubsziele als teuer gelten, kann es der »Lehrter« in Sachen Popularität mit seinem Konkurrenten anderthalb Kilometer östlich nicht aufnehmen: Der Stettiner Bahnhof ist der Berliner Ferienbahnhof.

So aristokratisch der Lehrter Bahnhof wirkt, so aristokratisch sind manche seiner Fahrgäste. Es ist der »Reisebahnhof« Otto von Bismarcks, denn die Hamburger Bahn führt durch den Sachsenwald. Von hier aus fährt der Gründer des Deutschen Reichs 1890 in die Verbannung nach Friedrichsruh. Auch Bernhard von Bülow verlässt, nachdem er 1909 vom Amt des Reichs-

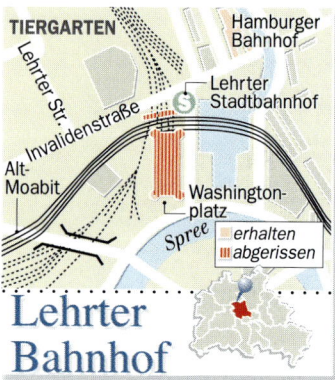

Lehrter
Bahnhof

kanzlers zurückgetreten ist, vom Lehrter Bahnhof aus die Stadt.

Am Ende des Ersten Weltkrieges wird der Bahnhof zur Festung. Soldaten der nahe gelegenen Garnison stellen sich den Matrosen aus Kiel, Wilhelmshaven und Hamburg entgegen, die den Funken der Revolution nach Berlin tragen wollen. Es wird geschossen. Am 9. November 1918 gibt es die »Matrosenfalle« dann nicht mehr, beide Seiten verbrüdern sich. Die »Internationale« wird gesungen, ungewöhnliche Klänge im Bahnhofsschloss.

Im Zweiten Weltkrieg wird der Bahnhof schwer beschädigt, doch kurz danach verkehren schon wieder Züge. 1947 kann man von hier in acht Stunden und 45 Minuten über Nauen nach Wismar oder in zwei Stunden über Wustermark nach Rathenow reisen. Der zernarbte Bau wird Ausgangspunkt für überfüllte »Hamsterzüge«, mit denen Berliner aufs Land fahren, um Wertsachen gegen Essbares zu tauschen. 1947 beschreibt Erich Kästner eine solche Fahrt: Der Zug ist mit »Menschen paniert«, »wie ein mit tausend kleinen Fliegen gesprenkelter, halb toter Wurm«.

Der Fernverkehr Berlin–Hamburg setzt erst am 10. September 1949 wieder ein. Doch die Züge steuern den Lehrter Bahnhof nicht mehr an, sondern rollen auf der Stadtbahn an ihm vorbei. Am 28. August 1951 wird der Bahnhof für den Personenverkehr geschlossen. Eine Möbelhandlung, eine Polsterwerkstatt und eine Flüchtlingsfamilie gehören zu den letzten Nutzern des Gebäudes, das am Rande West-Berlins im Abseits liegt. Mit seinen rostigen Stahlträgern, verfaulten Holzverschlägen und herabgestürzten Fassadenteilen wird es zu einer viel fotografierten Halbruine. Zwar gibt es in der Presse auch Stimmen dafür, wenigstens den Portikus zu erhalten: »Warum alles vernichten?« Ein Restaurant könnte dort einziehen oder das Heimatmuseum Tiergarten.

Doch die britische Militärregierung stimmt dem Abriss zu, weil Kopfbahnhöfe auch in einem wieder vereinigten Berlin keine Bedeutung mehr hätten. Pläne werden gezeichnet, die anstelle der Gleise einen Park zeigen (1965 wird der Flächennutzungsplan ein Stadtautobahnkreuz zeigen). Für den Wiederaufbau brauche West-Berlin Ziegelsplitt, heißt es. Auch die Reichsbahn will den Abbruch, denn sie darf Kabel und Metallteile behalten. So ist man sich rasch einig, die 800 000 Mark stehen bald bereit.

Am 9. Juli 1957 lässt die erste Sprengung den Bahnhof erzittern. Am 29. Januar 1959 zündet Hertha Bahr 80 Kilo Donarit. Als Letztes fällt das monumentale Portal in einer Staubwolke in sich zusammen. »Mit Sprengstoff, ein wenig Glück und Gottes Hilfe haben wir es geschafft«, sagt die Sprengmeisterin. Zum Dank überreicht ihr der Tiergartener Bezirksbürgermeister einen Strauß Blumen. Die Geschichte des falschen Schlosses ist zu Ende.

Bahnhof Lichtenberg

Das Tor zum Westen

»Go West«, sagt sich im Sommer 1990 Wladimir Kaminer aus Moskau. Das Tor zum Westen, das der damals 23-Jährige ansteuert, heißt Berlin-Lichtenberg. Der Proviant-Wodka der Marke »Lebewohl« ist ausgetrunken, als Wladimir Kaminer mit einem Freund nach rund zwei Tagen Fahrt dort eintrifft. »Die ersten Berliner, die wir kennen lernten, waren Zigeuner und Vietnamesen. Wir wurden schnell Freunde«, erzählt der Schriftsteller, der mit »Russendisko« bekannt geworden ist. Für ihn ist die Fahrkarte nach Lichtenberg ein Ticket für den Erfolg gewesen. Die 96 Rubel Fahrgeld haben sich amortisiert.

Abseits der herausgeputzteren Teile Berlins treffen sie auch heute noch ein, die Schnellzüge aus dem Osten. Ihre Wagen passen nicht ins DB-Farbschema. Sie sind dunkelgrün, rot-blau, weiß-hellblau, dunkelblau mit gelben oder beigen Streifen. Der Moskva-Express hat Kurswagen aus Sankt Petersburg. Der Kiewer Schnellzug bringt Wagen aus Odessa am Schwarzen Meer, Simferopol auf der Krim, Charkiv in der Ost-, Lviv in der West-Ukraine, Gdynia in Polen und seit Ende 2003 auch aus Kaliningrad. Doch der Rekordhalter ist der Zug, der sonnabends vormittags ankommt. Er führt Wagen aus Rostov am Don, Saratov an der Wolga, aus Kasachstans Hauptstadt Astana, Omsk und aus dem 5 635 Kilometer entfernten Novosibirsk – bietet also unmittelbaren Anschluss zur Transsibirischen Eisenbahn. So weit wie der Schlafwa-

Im September 1968 gab es das alte Empfangsgebäude und die Wenddorfstraße noch. Wenige Jahre später wichen beide dem Neubau der Lichtenberger Brücke.

gen von jenseits des Urals rollt kein anderer Reisezugwagen, der in Deutschland eintrifft. Fünf Tage ist er unterwegs. Allzu stolz ist die Bahn auf die Interkontinentalverbindung aus Asien aber offenbar nicht: Auf den Wagenstandsanzeigern sind die Wagen nach Sibirien nicht mit ihren Zielen verzeichnet.

Seit Ende 2003 startet auch der Nachtzug Berlin–Krakau wieder von Lichtenberg. Schon länger endet hier die Regionalbahnlinie 26 aus Kostrzyn. Am Sonntagabend sind ihre Wagen voll mit Polen, unterwegs nach Berlin, zur Arbeit. Sie sitzen neben Ausflüglern, die diese Linie ebenfalls gern nutzen. Dann rollt eine spezielle, eine Berliner Mischung an altertümlichen Telegrafenmasten entlang auf der Ostbahn der großen Stadt entgegen.

Anfangs hält sich die Bedeutung des Haltepunkts Lichtenberg-Friedrichsfelde, an dem erstmals 1881 Züge halten, in Grenzen. 1903 wird ein Ziegelbau eröffnet, der als Empfangsgebäude dient. Nach der Schließung des Nordbahnhofs mausert sich Lichtenberg zum wichtigsten Fernbahnhof Ost-Berlins. Am 5. Oktober 1952 geht der dritte Mittelbahnsteig in Betrieb. Im ehemaligen Rangierbahnhof werden nun Reisezüge abgestellt.

Der Bahnhof zieht auch Menschen an, die nicht ins offizielle Bild passen. Den »Lichtenberger Bahnhofsbeatles«, die sich im Zwischengeschoss treffen, widmet die Zeitschrift »Eulenspiegel« 1965 eine Titelgeschichte. »Junge, Junge!«, tadeln die Autoren und mokieren sich über »Ponys mit Genickwellen, Wallewalle-

Fahrgäste warten dicht gedrängt, bis sie in den Schnellzug nach Stralsund einsteigen können. Während der 1980er Jahre war Lichtenberg der wichtigste Fernbahnhof Berlins.

locken und glatten Strähnen«. Am Ende desselben Jahres ist es damit vorbei: Einige »Bahnhofsbeatles« kommen vor Gericht, weil sie angeblich über Republikflucht nachgedacht haben.

1968 verkündet der Generalverkehrsplan für Berlin, Hauptstadt der DDR, dass der Bahnhof ein »Verkehrsballungszentrum mit überörtlicher Wichtigkeit« wird. 1970 verabschiedet Verkehrsminister Erwin Kramer die Grundsatzkonzeption für einen Neubau. Der Wunsch des damaligen Chefarchitekten des Magistrats, Roland Korn, eine Bahnsteighalle zu errichten, lässt sich nicht erfüllen. Dafür fehlt die Baukapazität.

1973 weicht das alte Empfangsgebäude dem Neubau der Lichtenberger Brücke, am 26. Mai

1978 ist der neue Fernbahnsteig C fertig. Am 13. Juni desselben Jahres wird der Grundstein für das neue, 130 Meter lange Empfangsgebäude gelegt, das in der Nacht zum 28. Februar 1982 in Betrieb genommen wird – und heute noch steht. Fotos aus jener Zeit zeigen Gedränge auf den drei Fernbahnsteigen und in der Halle. Die Speisegaststätte »Städteexpress«, ein Café und die Biergaststätte »Zum Tender« kämpfen gegen den Ansturm an. Ab 1984 sind die Gleise elektrifiziert. Drei Jahre später stehen 152 Reisezüge auf dem Plan, von 175 000 Reisenden pro Tag ist die Rede.

Nach dem Mauerfall bringen die Züge aus Südosteuropa nicht länger DDR-Urlauber vom Schwarzen Meer oder aus den Rhodopen nach Hause. Vielmehr sind der Balt-Orient-Express aus Bukarest, der Meridian und der Pannonia-Express (beide aus Sofia) nun voll mit Menschen, die durch den geöffneten Eisernen Vorhang dem Elend in ihrer Heimat entfliehen. »Es ist eine menschliche Tragödie, die sich seit Wochen auf dem Bahnhof abspielt«, schreibt die Berliner Zeitung im April 1990. Im Untergeschoss kampieren Ausländerfamilien, vor allem aus Rumänien. Reichsbahner schütten

Salmiak aus, um sie zu vertreiben, und sperren die Empore mit Ketten. Der Nachtzug Berlin–Warschau, der vom damaligen Hauptbahnhof nach Lichtenberg verlegt wird, gewinnt als Lebensader einer Schwarzmarktökonomie an Bedeutung. In ihrem Forschungsbericht »Der Schmugglerzug« (1998) beschreibt die Soziologin Malgorzata Irek, wie diese Verbindung vielen Polen den Lebensunterhalt gesichert und Berlin billige Arbeitskräfte zugeführt hat. Lichtenberg ist zur Drehscheibe zwischen dem armen Osten und dem Westen geworden.

Ende Mai 1993 erlebt der einstige Vorzeigebahnhof eine Scheinblüte: Weil der Bahnhof Zoo vorerst nicht zur Verfügung steht, wird der Intercity-Express-Verkehr hierher geführt. Bis Juli 1993 gibt es acht ICE-Paare pro Tag. Bis zum 28. September 1996 fahren Entlastungs-ICs ins Ruhrgebiet; sie werden jedoch von den Reisenden nicht angenommen.

Die Züge aus Südosteuropa werden nach und nach gestrichen. Deutsche Reisende wollen mit ihnen nichts mehr zu tun haben. Als letztes Relikt wird zum 24. Mai 1998 der »Metropol« nach Budapest eingestellt. Zur gleichen Zeit

Blick von der Lichtenberger Brücke 2003. Eine abgestellte Garnitur des Reichsbahn-Vorzeigezugs VT 18.16 träumt von den Zeiten, als sie und ihresgleichen als »Karlex« oder »Vindobona« ins Ausland fuhren.

СПАЛЬНЫЙ ВАГОН

НОВОСИБИРСК
ОМСК
САМАРА
САРАТОВ
СМОЛЕНСК
МИНСК
БРЕСТ
ВАРШАВА
ПОЗНАНЬ
ФРАНКФУРТ/О
БЕРЛИН

5635 Kilometer legt dieser Schlafwagen zwischen Novosibirsk und Berlin-Lichtenberg zurück. Die Fahrt beginnt jenseits des Urals allwöchentlich am Dienstag und hat am Sonnabend ihr Ziel erreicht.

wird Lichtenberg vom Intercity-Netz abgehängt und verliert auch die wichtigsten Regionalverbindungen ins Land Brandenburg an die wieder eröffnete Stadtbahn.

In Lichtenberg ist es ruhig geworden. Dennoch lässt die Bahn bis 1997 die Halle sanieren – für eine Million Euro gibt es unter anderem ein neues Reisezentrum. Ein zusätzliches Fensterband lässt mehr Licht hinein. 1999 wird damit begonnen, auch das Untergeschoss zu erhellen. Bauarbeiter brechen eine Öffnung in die Decke. Treppen und ein runder verglaster Panorama-Aufzug führen nach unten. Die Reisenden müssen nun durch die Ebene minus eins laufen, die früher oft unbeachtet blieb. Kosten: 17 Millionen Euro. Nach dem Entwurf des Berliner Architektenbüros Wehner, Gaisser und Schulz sind rund 25 Läden entstanden. Doch von der 4750 Quadratmeter großen Mietfläche steht ein Teil leer. Ende 2003 zählt die Bahn täglich 10 000 bis 15 000 Menschen im Bahnhof Lichtenberg. Der »Service Point« ist nur montags bis freitags besetzt. Der Fahrplan enthält noch etwas mehr als 100 Züge.

Lichtenberg ist heute ein Regionalbahnhof mit Interkontinentalverbindungen, von dem aus so

Das sanierte Empfangsgebäude an der Weitlingstraße.

Seit der Renovierung führen Fahrtreppen und ein verglaster Aufzug ins Untergeschoss. Von dort aus geht es zu den Zügen nach Smolensk, Seefeld (Mark) und Seelow-Gusow.

illustre Ziele wie Alt Rosenthal, Werftpfuhl, Wünsdorf-Waldstadt, Minsk und Petropawlowsk erreicht werden können. Zwei Garnituren des Triebzugs VT 18.16, die Antwort der DDR auf den Trans-Europa-Express, sind sichtbar abgestellt und künden von vergangenen Zeiten. Nur wenn die Züge aus dem Osten eintreffen und abfahren, ist ein Hauch große Welt zu spüren, auch wenn dies eine Welt ist, die in Berliner Imagebroschüren nicht vorkommt. Autoreifen, Elektrogeräte, Taschen voller Waren

stapeln sich am Gleis 15 oder 16, Familien versammeln sich zum Abschiedsfoto. Reisende erscheinen im bequemen Trainingsanzug, bereit für die lange Reise.

Die Fahrpläne sind schon ausgedünnt, die Wagen nach Riga und der Zuganschluss nach Tallinn gestrichen worden. Irgendwann wird das Flugzeug auch den verbliebenen Langstrecken ernsthaft Konkurrenz machen. So lange wird der Bahnhof Lichtenberg das Tor zum Westen bleiben.

Ostbahnhof
Der Aufsteiger

Mitte des 19. Jahrhunderts ist die Gegend um den Bahnhof noch ein Idyll. Duftende Tulpen- und Hyazinthenfelder, in denen die Berliner am Sonntag Kaffee trinken, erstrecken sich neben den Gleisen. Aber dann verschwinden die Gärten unter tristen Mietshäusern. 1919 hängen Spartakisten rote Fahnen aus dem Bahnhof am Stralauer Platz, 1945 tut es ihnen die sowjetische Armee gleich. Zu DDR-Zeiten wachsen Plattenbauten und ein Warenhaus empor, die heute von einer Budenstadt umringt sind. Die Umgebung der Anlage, die seit dem 24. Mai 1998 wieder Ostbahnhof heißt, hat sich mehrfach gewandelt. Der Bahnhof selbst hat ebenfalls eine bewegte Geschichte – was sich auch in der rekordverdächtigen Anzahl von Umbenennungen spiegelt.

Bewegt sind schon die Anfänge: Die Bouchés, die Moewes und die anderen Gärtner vor dem Frankfurter Tor sind voller Argwohn. Sie haben etwas gegen die Bahn, die durch ihre Ländereien gebaut werden soll. Nachts sollen Pferde die Wagen ziehen. Doch am Tag werden Lokomotiven fahren, deren Dampf die Blumen, das Obst und Gemüse verderben könnte. Trotz des Protestes beginnen am 1. September 1841 die Bauarbeiten. An der Koppenstraße, noch innerhalb der Stadtmauer, entsteht ein Kopfbahnhof mit klassizistischer Fassade und vier »Empfangszimmern«. Am 23. Oktober 1842 fährt erstmals ein Zug nach Frankfurt (Oder) ab. Der Frankfurter Bahnhof, vom 1. September 1846 an auch Niederschlesisch-Märkischer Bahnhof genannt,

1869 war der Frankfurter Bahnhof noch ein Kopfbahnhof. Zwei Türme schmückten die Einfahrt.

Leuchtstoffröhren kon-
turierten in den 1950er
Jahren die Fassadenbögen.
Auf dem Vorplatz: Limou-
sinen aus DDR-Produktion.

OSTBAHNHOF

Die Südhalle 1935. Hier fuhren Fern- und Vorortzüge nach Osten ab.

Im August 1954 war Josef Stalin schon mehr als ein Jahr tot. Doch in der Mitropa-Gaststätte wachte noch immer sein Porträt – mit der Parole: »Du wirst unsterblich sein«.

wird bald erweitert. Doch das reicht nicht aus; schon kurz darauf ist ein aufwändiger Umbau erforderlich.

Nach Plänen von Eduard Römer entsteht aus 474 Tonnen Schmiede- und Gusseisen eine 208 Meter lange Halle, die fünf Gleise überspannt. Als sie 1869 fertig ist, gibt es in dieser Gegend bereits einen weiteren Bahnhof: Am 1. Oktober 1867 ist am Küstriner Platz, der heute den Namen des linken Sozialdemokraten Franz Mehring trägt, der Kopfbahnhof für die Königliche Ostbahn in Betrieb gegangen – der damalige

Ostbahnhof. Hofbaurat Adolph Lohse hat das neoklassizistische Gebäude, in dem viel Carrara-Marmor steckt, entworfen. Wo zu DDR-Zeiten das Neue Deutschland geschrieben und gedruckt werden wird, fahren in einer 188,3 Meter langen und 37,66 Meter breiten Halle Züge nach Königsberg und Sankt Petersburg ab. Doch bereits nach 15 Jahren, am 14. Mai 1882, kehrt hier wieder Ruhe ein, der Bahnhof wird stillgelegt. Der Zugverkehr rollt nun über die Stadtbahn, die auf einem Damm verläuft. Der Niederschlesisch-Märkische Bahnhof heißt seit dem

Der Triebzug VT 18.16, der Stolz der Reichsbahn, hält 1965 im Ostbahnhof. Neben dem »Vindobona« nach Wien steht ein Zug nach Schwedt.

15. Oktober 1881 Schlesischer Bahnhof. Aus dem Kopf- ist ein Durchgangsbahnhof geworden, an der Nordseite ist eine zweite Halle entstanden.

Hier kommen sie an, die Landarbeiter aus Ostelbien, die jungen Frauen, die eine »Stellung« in einem begüterten Haushalt anstreben, die Handwerker, denen die Industrialisierung das Auskommen genommen hat. Viele Zuwanderer bleiben in Berlin O 17, wo die Wohnungen billig und übervölkert sind. Zu den Newcomern gehören die Familien Zille (Andreasstraße 17) und Döblin (Blumenstraße). Wilhelm Voigt wohnt in der Langen Straße 22 zur Untermiete. Am 16. Oktober 1906 zieht sich der Schuster eine Hauptmann-Uniform an und »beschlagnahmt« die Kasse der Stadt Köpenick mit 4000,70 Mark. Auch furchtbare Verbrechen geschehen in der Gegend: Der Massenmörder Karl Grossmann hat seinen Wurststand direkt am Schlesischen Bahnhof und liest die Frauen, die er später misshandelt, tötet und zerstückelt, in der unmittelbaren Umgebung auf. Auch im

Wartesaal des Bahnhofs spricht er seine späteren Opfer an. Es dauert viel zu lange, bis er in seiner Wohnung Lange Straße 88 gefasst wird. Am 5. Juli 1922 erhängt er sich in seiner Zelle.

Südwestlich vom Bahnhof steht die Andreaskirche, doch ihr Einfluss auf die Moral bleibt offensichtlich gering. »Viele Straßen um den Schlesischen Bahnhof sind schlimm«, schreibt Hans Fallada in »Wolf unter Wölfen«. »Damals, 1923, kam zu der Trostlosigkeit der Fassaden, den üblen Gerüchen, dem Elend, der öden, dürren Steinwüste eine wilde, verzweifelte Schamlosigkeit, Feilheit aus Elend oder Gleichgültigkeit, Geilheit aus der Gier, sich einmal selbst zu fühlen.« Einer von Falladas traurigen Helden reist in der »traurigen, verrußten, verlotterten Halle mit ihren zerschlagenen Scheiben« ab. In Julius Berstls Roman »Schlesischer Bahnhof« (1930) kreuzen sich im Wartesaal dritter Klasse die Wege von Glückssuchern und Gestrandeten. »Es riecht nach Bier, Knoblauch, Käse und unausgelüfteten Menschen.«

Vor dem Ostbahnhof wehten einst rote Fahnen mit Hammer und Sichel, Aufnahme vom November 1969.

Die große Tafel in der Halle des Hauptbahnhofs im Mai 1992: Damals wurden noch Züge nach Moskau oder Halberstadt angezeigt.

Fahrgäste hatten 1990 die Wahl: Lada-Taxi oder Ikarus-Bus?

Seit dem Jahr 2000 hat der Bahnhof wieder einmal eine neue Fassade – diesmal eine mit maximaler Transparenz. Die zwölf Meter hohe Glasfront lässt die Halle wie einen großen Wintergarten wirken.

1934 zählt die Deutsche Reichsbahn 470 900 abfahrende Reisende. Am Schlesischen Bahnhof hält der Luxuszug L 11/12, der Nord-Express von Warschau nach Paris und Ostende. Königsberg ist acht Stunden entfernt; nach Posen oder Breslau ist man knapp vier Stunden unterwegs. In den 1930er Jahren gibt es eine Direktverbindung nach Istanbul, zeitweise mit Anschluss an die Bagdad-Bahn.

Auch nach dem Zweiten Weltkrieg sieht der Bahnhof große Züge. Die Rote Armee lässt einige Gleise vorübergehend auf 1.524 Millimeter Spurweite umnageln. Am 28. Juni 1945 rollt der erste Breitspurzug (aus Moskau) hier ein. Im Juli fährt Josef Stalin durch den Schlesischen Bahnhof, er ist auf dem Weg zur Potsdamer Konferenz. Im September 1945 setzt der zivile Personenverkehr wieder ein. Als die DDR die Oder-Neiße-Grenze zu Polen anerkennt, wird ein neuer Name gesucht. Vorschlag in der

Täglichen Rundschau: »Bahnhof der Freundschaft«. Das entspräche »dem Charakter als Begrüßungs- und Empfangsstätte der Delegationen aus den befreundeten östlichen Nachbarländern«. Doch das, was seit dem 1. Dezember 1950 auf den Schildern steht, klingt prosaischer: »Ostbahnhof«. Auch die Pläne des Berliner Chefarchitekten Hermann Henselmann, ein prunkvolles Gebäude mit Ladenstraße und Hotel zu errichten, bleiben Wunschdenken. 1955 schreibt Die Welt, das Bild des Bahnhofs würde »selbst das Aussehen polnischer Provinzbahnhöfe unterbieten«. Zwar werden die Hochbauten von 1958 bis 1961 modernisiert. Aber erst zwei Jahrzehnte später stehen die Baukapazitäten für tief greifende Veränderungen bereit.

Am 1. August 1985 werden 250 Kilo Sprengstoff gezündet. Die alte Empfangshalle und die weiße Putzfassade mit den sieben Rundbögen landen auf dem Schutt. 200 Facharbeiter-Kollek-

tive bauen einen neuen Bahnhof. Die Pläne stammen von Karl-Ernst Swora, Heinz Aust, Jürgen Pilz und Erhard Gißke. Zur 750-Jahr-Feier Berlins will die DDR ein repräsentatives Entree schaffen. Darum ist wieder mal eine Umbenennung fällig – schließlich braucht eine Hauptstadt auch einen »Hauptbahnhof«! So heißt der Bahnhof ab dem 15. Dezember 1987 – ein unpassender Name in einer Stadt, die viele Zentren und darum viele Bahnhöfe hat. Am selben Tag wird das neue Empfangsgebäude übergeben, 260 Meter lang, mit einer Fassade aus Glas und Metall, die 98 Meter breit und 13,5 Meter hoch ist.

Zwölf Klinkerbögen erinnern an die Architektur des Vorgängers. Auf der Empore öffnet im Februar 1988 ein »Zeitkino« mit 78 Plätzen, in dem täglich von 9 bis 23 Uhr Filme gezeigt werden. Die Metallskulptur »Lok 2000« von Achim Kühn schmückt die Halle (das Kunst-

Die Eingangshalle nach dem Umbau. Die Glasfront macht sich auch innen positiv bemerkbar: So viel Helligkeit gab es hier vorher nicht.

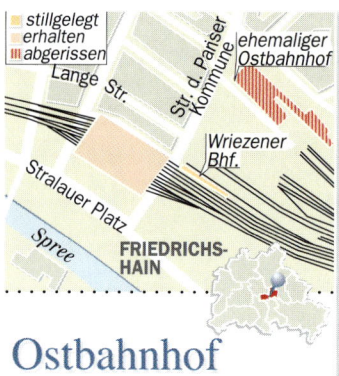

Ostbahnhof

werk steht heute in den Reinbeckhallen in Oberschöneweide). Dagegen fehlt es an einer Gaststätte oder wenigstens einem Café – und an Zügen mit Verkehrshalt. Die elektronische Anzeigetafel reicht aus, um rund die Hälfte aller Abfahrten eines Tages aufzulisten. 1987 ist von 35 000 Fahrgästen pro Tag die Rede, nur wenig mehr als in Stralsund.

Der Regionalverkehr beginnt weiterhin vor der Stadt. Obwohl ab dem 31. Mai 1987 eine Fahrleitung zur östlichen Halleneinfahrt des Hauptbahnhofs führt, halten die meisten Fernzüge weiterhin an den Bahnhöfen Schöneweide oder Lichtenberg, denn diese liegen für den DDR-Binnenverkehr – anders als der Hauptbahnhof – nicht in einer Sackgasse. Zudem okkupieren die leeren Transitzüge, die zum Abstellbahnhof Rummelsburg und wieder zurückfahren, einen Teil der Kapazität des Hauptbahnhofs. Einige legen hier sogar einen Betriebshalt ein, damit die Mitropa die Vorräte aufstocken kann. Das Bahnpostamt nimmt weitere Trassen in Anspruch: Die zentrale Paketumschlagstelle der DDR-Hauptstadt weist viel Rangierverkehr auf. So ist der Hauptbahnhof eine der vielen Merkwürdigkeiten Berlins. Trotz des Namens gibt es nur ein mageres Angebot für das reisende Publikum, er liegt isoliert am Rande der Halbstadt, der Haupteingang weist zur innerstädtischen Grenze, die 300 Meter entfernt an der Spree verläuft.

Erst in den 1990er Jahren wird der Bahnhof aus dem Abseits geholt. Um die Gleise zu erneuern und die Bahnsteige A, B sowie C auf 430 Meter zu verlängern, wird der Fern- und Regionalverkehr eingestellt. Vom 1. Juni 1997 bis zum 23. Mai 1998 halten in der 207 Meter langen und 19 Meter hohen Halle nur S-Bahn-Züge. 1997 beginnt der Abriss des Rohbau-Skeletts an der Koppenstraße, in dem die DDR Mitropa-Gastronomie und weitere repräsentative Räume für den Empfang von Staatsgästen unterbringen wollte. An der Stelle der Investruine wird ein Intercity-Hotel eröffnet und ein Bürohaus errichtet, das von einer Ladenpassage und einem Zugang zu den Bahnsteigen durchzogen ist. Der Westteil des Minerva-Hauses erhält zehn Geschosse. Kosten: 46 Millionen Euro. Anfangs soll es mit Szenen aus der griechischen Sagenwelt bemalt werden. Doch darauf wird aus Kostengründen verzichtet.

Die Nordseite des Bahnhofs ist am 24. Mai 1998 fertig; am Gleis 1 wird eine Gedenktafel mit dem neuen Namen enthüllt: »Ostbahnhof«.

Der Südteil mit der Halle, für den das Architekturbüro Gewers, Kühn und Kühn die Pläne zeichnet, wird am 29. Juni 2000 eingeweiht. Für 36 Millionen Euro hat das Gebäude ein Vordach und eine 3200 Quadratmeter große und zwölf Meter hohe Glasfassade als »Fenster zur Spree« erhalten, die Decke hat nun ein großes Oberlicht. Der Billig-Supermarkt ist ins Untergeschoss zurückgekehrt – der Discounter hat der Bahn ein Mietangebot unterbreitet, das sie kaum ablehnen konnte.

Von außen sieht die lichte Halle wie ein großer Wintergarten aus. Fuhren 1987 pro Tag nur etwas mehr als 20 Züge hier ab, sind es heute rund 400. Mehr als 1100 S-Bahnen kommen hinzu. 82 Kameras überwachen die Anlage. Täglich nutzen 100 000 bis 120 000 Menschen den Ostbahnhof – vor allem als Fahrgast oder Einkaufsbummler. 2001 wird er bahnintern als »Bahnhof des Jahres« ausgezeichnet. Auf einer Mietfläche von 13 200 Quadratmetern sind 57 Läden und Gaststätten eingerichtet, zwischen denen das Reisezentrum mit seinen neun Bedienplätzen fast untergeht. Es gibt eine Reinigung mit einem Automaten, der frisch gewaschene Hemden ausgibt. Hamburger, Eis, Brezeln und Bücher sind auch im Angebot. Der Leerstand ist gering, 2002 werden 8,2 Millionen Euro Mieteinnahmen erzielt. Auf die geplante DB Lounge ist jedoch verzichtet worden.

Zwar wirkt die Umgebung noch leer und laut. Doch das kann den strahlenden Eindruck nicht trüben. Der Ostbahnhof ist ein leuchtendes Unikat, das wie ein irrtümlich, aber in freundlicher Absicht gelandetes Raumschiff anmutet. Die jüngste Verwandlung ist das Beste, was diesem Bahnhof bisher passiert ist.

Bahnhof Ostkreuz
Das Dauer-Provisorium

Bahnsteigdächer aus Teerpappe. Emailleschilder aus Reichsbahnzeiten. Ein Drahtzaun, der Fahrgäste von einer nicht mehr ganz so tragfähigen Stelle auf dem Bahnsteig F fernhält. Das Ostkreuz ist die Essenz von Berlin: ein Dauer-Provisorium mit Patina, eine zusammengeflickte Zumutung, ein Durcheinander mit karger Eleganz. Wer an Berlin diese Eigenschaften mag, der findet den S-Bahnhof vielleicht sogar schön.

Im Osten Friedrichshains erstreckt sich eine Insel der S-Bahn-Nostalgie: mit gusseisernen Dachpfeilern, dutzend Mal lackierten Holzbänken, ohne einen einzigen Aufzug, eine einzige Fahrtreppe. In dem rostbraun grundierten Bild fallen die neue Uhr am Gleis 11 und die Lüftungsrohre für die Budenstadt auf Bahnsteig D überdeutlich auf. Doch das Ostkreuz ist nicht nur ein Museumsbahnhof, sondern auch der verkehrsreichste Knotenpunkt der Berliner S-Bahn. Hier kreuzt sich der Großteil der Linien, steigen täglich Zehntausende um.

Allerdings sind die Tage des »Rostkreuzes« gezählt. Der Knotenpunkt, der von oben eher wie ein Dreieck aussieht, soll saniert und umgebaut werden – zwölf Jahre lang, so steht es in der Planfeststellungsunterlage. Für das Ostkreuz wäre dies eine geradezu überstürzt ablaufende Verwandlung. Schließlich hat es sechs Jahrzehnte gedauert, bis sich dieser Bahnhof zu seiner heutigen Gestalt entwickelte. Seitdem hat er sich, von Einzelheiten einmal abgesehen, mehr als hundert Jahre lang nicht verändert.

Alltag am Ostkreuz 1964: S-Bahnen halten an den Bahnsteigen D und E. Im Hintergrund fährt ein Prototyp der Baureihe V 180 mit einem Doppelstockzug durch.

OSTKREUZ

1842 fahren die ersten Züge durch diese Gegend, die zu dieser Zeit allein aus freiem Feld besteht. An der Schlesischen Bahn wird der Haltepunkt Rummelsburg eingerichtet. Als am 17. Juli 1871 das Ringbahn-Teilstück Moabit–Schöneberg in Betrieb geht, entsteht ein Stück westlich von Rummelsburg ein Bahnkreuz. Hier wird nun zwischen den zwei Verzweigungen zum Ring ein spitzwinkliger Bahnsteig gebaut. In Stralau-Rummelsburg hält der erste Zug am 7. Februar 1882. Gegenüber dem heutigen Bahnsteig A sind ab 1896 die Bahnsteige B (Nordringkurve) und C (Südringkurve) in Betrieb. Es folgen sechs Meter tiefer die Bahnsteige D und E für den Ost-West-Verkehr sowie der Bahnsteig F an der Ringbahn. 1903 ist der Kreuzungsbahnhof im Wesentlichen fertig; am 15. Mai 1933 wird er in Ostkreuz umbenannt.

Im Zweiten Weltkrieg wird das Empfangsgebäude des Bahnhofs zerstört. 1966 sperrt die Reichsbahn den Bahnsteig C, 1970 auch den Bahnsteig B. Später werden sie wegen Baufälligkeit abgerissen. Da ist der Bahnhof durch die Teilung längst zum überlasteten Mittelpunkt der Ost-Berliner S-Bahn geworden. Auf den Treppen stauen sich die Fahrgäste.

Schon 1937 hat es erste Umbaupläne gegeben. 1985 stellen Reichsbahner ein Modell des neuen Ostkreuzes vor – mit zwei flachen Bahnsteighallen für die Ringbahn und den Ost-West-Verkehr. Doch nicht nur das Bauvolumen an sich lässt die Experten schaudern. Es ist auch die Erkenntnis, dass das Herzstück des S-Bahn-Netzes unter dem rollenden Rad saniert werden müsste. Der Fachautor Erich Preuß erinnert sich noch heute an die Bemerkung, die Vize-Verkehrsminister Günter

◁ An der Fußgängerbrücke wird für das Neue Deutschland geworben. Doch der Mann, der im August 1966 auf dem Bahnsteig F an einem Pfeiler lehnt, zieht die populäre BZ am Abend dem SED-Zentralorgan vor.

Bahnhofsalltag am Ostkreuz 1985: Großes Gedränge, auch einige Uniformierte schieben sich die schmale Treppe zum Ringbahnsteig F hinauf.

Grohmann ihm einst zuraunte: »Wenn für den Ostbahnhof ein Beschluss des Ministerrates notwendig war, brauchen wir für das Ostkreuz einen Beschluss des Politbüros.«

Als 1987 die Ost-West-Ferngleise elektrifiziert werden, stellt sich die Frage, wie die Fahrleitung unter der niedrigen Ringbahnbrücke hindurchgeführt werden soll. Von einer Gleisabsenkung nimmt die Reichsbahn Abstand: »Das Ostkreuz fassen wir nicht an.« So führt seitdem eine stromlose »Schein-Fahrleitung« unter der Ringüberführung hindurch.

Von 1990 an heißt es erneut frei nach dem Humoristen Otto Reutter: Nu fang'n wir gleich an. 1992 schlägt Stadtentwicklungssenator Volker Hassemer sogar vor, den Hauptbahnhof (heute Ostbahnhof) zu Gunsten eines neuen Fernbahnhofs Ostkreuz »zurückzubauen«. Helmut W. Joos vom Architektur- und Ingenieurbüro J.S.K. entwirft ein gewaltiges Stahl-Glas-Dach, das zwei Eingangshallen überspannt und von einem Büro-Wolkenkratzer flankiert wird. Währenddessen brüten die Verkehrsplaner im Senat darüber, wie die Autobahn A 100, die von Neu-

kölln zur Frankfurter Allee führen wird, am Ostkreuz verlaufen soll. Schließlich legen sie fest, den Stadtring in einem Doppelstocktunnel unter den Ost-West-Gleisen hindurchzuführen. Dafür muss die Bahn eine 175 Meter lange und 15 Meter breite Tunneldecke betonieren und zwei 25 Meter hohe Tunnelwände ins Erdreich treiben. Für das »Vorratsbauwerk«, das späteres Wiederaufgraben ersparen soll, zahlt der Bund 13 Millionen Euro. Die Autobahnplanung bremst das Projekt Ostkreuz. Zudem muss nach dem Zugunglück von Eschede 1998 zunächst der Anprallschutz an den Pfeilern der Ringbahnbrücke verstärkt werden.

Doch 2003 ist das Planfeststellungsverfahren für das Vorhaben Ostkreuz, an dem wieder das Büro J.S.K. beteiligt ist, in voller Fahrt. Die Bahn geht davon aus, dass erste Arbeiten bis 2005 beginnen – bei laufendem Betrieb. Los geht es auf dem Ring. Als Erstes wird die Kynaststraßenbrücke abgetragen und östlich neu gebaut. Zwei Gütergleise fallen weg. An ihrer Stelle soll ein 210 Meter langer Bahnsteig für Regionalzüge entstehen. Danach errichten die Arbeiter den

Der Bahnhof Ende 2003. Die 1902 aufgestellten gusseisernen Stützen werden während des Umbaus ausgelagert und danach wieder verwendet.

Bahnsteig F der S-Bahn neu. Er wird 152 Meter lang und mit 35 Metern 25 Meter breiter sein als zuvor. Eine stählerne, zweiteilige Halle mit Oberlichtern soll die beiden Bahnsteige überdachen. Ihre Abmessungen: 132 mal 79 Meter.

In der zweiten Phase ist der untere Teil an der Reihe. Bisher fahren an nicht weniger als drei Bahnsteigen Züge nach Westen ab. Für die Fahrgäste ein nerviges Glücksspiel, sagt Günter Ruppert, Geschäftsführer der S-Bahn Berlin: »Sie stehen auf der Brücke und schauen, wo der nächste Zug einfährt. Wenn er dann kommt, stürmen alle nach unten.«

Künftig gibt es Richtungsbetrieb. Am neuen Bahnsteig E halten alle S-Bahnen nach Osten, am neuen Bahnsteig D alle S-Bahnen nach Westen. Ausnahme: Die Züge auf der Strecke Treptower Park–Warschauer Straße fahren in beiden Richtungen durch. An der Südseite, fast an der Hauptstraße, halten die Regionalexpresszüge nach Frankfurt (Oder) und Potsdam. An der Nordseite, wo die Wriezener Bahn nach Lichtenberg führt, ist ein weiterer Haltepunkt für den Regionalverkehr geplant, etwa für Züge nach Kostrzyn. Trotz Kritik fällt die Nordringkurve weg. Seit April 2003 wird sie in Richtung Ring nicht mehr befahren, in der Gegenrichtung rollen vorerst noch Sonderzüge, darunter die Panorama-S-Bahn.

Wenn das Ostkreuz so gebaut wird wie geplant, erhält es zehn Aufzüge und 15 Fahrtreppen, dazu Empfangshallen an der Markt- und Hauptstraße. Der Senat will die Straßenbahnlinie 21 heranführen und vor dem Ausgang Neue Bahnhofstraße eine Haltestelle anlegen. Die Bahn rechnet damit, dass hier 2010 täglich 26 000 Menschen ein- und aussteigen und 212 000 umsteigen werden – zurzeit seien es insgesamt rund 100 000. Die Baukosten werden auf 350 Millionen Euro veranschlagt. Allerdings hat die Bahn bislang nur für die Planung, nicht aber für die Bau-Ausführung Geld bereitgestellt. Zudem ist nicht ausgeschlossen, dass auch dieses Projekt abgespeckt wird. So werden die zwei Außenbahnsteige an der Wriezener Bahn nur dann gebaut, wenn das Land Berlin dort Zugverkehr ordert. Von einer solchen Bestellung hängt auch ab, ob der Regionalbahnsteig auf dem Ring tatsächlich angelegt und mit einer Halle überdacht wird.

Einige Relikte der Vergangenheit werden bleiben, darauf haben sich die Bahn und der Landeskonservator geeinigt. Dazu zählen der rund 50 Meter hohe Wasserturm, 1909 bis 1912 nach Plänen von Karl Cornelius errichtet, und das um 1910 entstandene Beamtenwohnhaus an der Sonntagstraße. Vom Aufsichtshäuschen und dem Dach des Bahnsteigs E werden Teile wieder

Abendstimmung am Ostkreuz. Die Treppe führt auf den Bahnsteig E, an dem die S-Bahnen von und nach Erkner halten. Im Hintergrund kreuzt die Ringbahn.

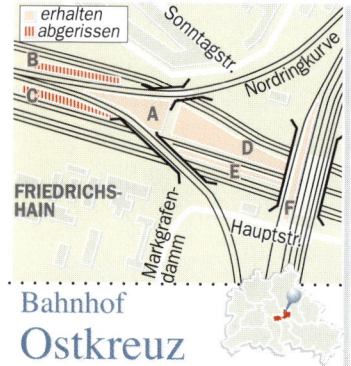

Bahnhof
Ostkreuz

Der neue S-Bahnsteig auf dem Ring wird 25 Meter breiter ausfallen als der heutige Bahnsteig F. Eine 15 Meter hohe Halle soll ihn überdachen.

Das Ostkreuz der Zukunft – auf dem Ring hält ein roter Regionalzug. Ob das tatsächlich Realität wird, muss sich allerdings erst noch zeigen.

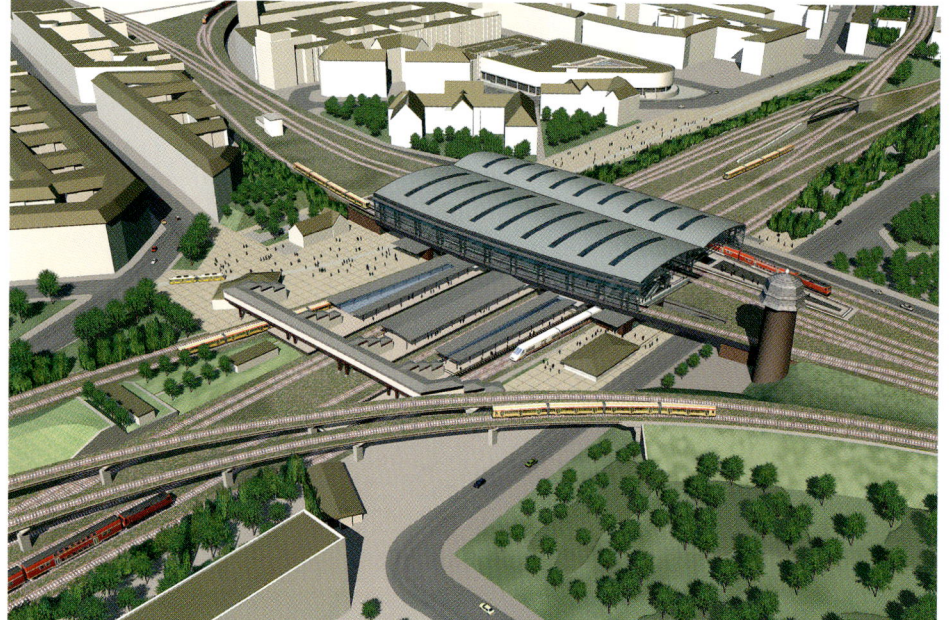

verwendet. Gleiches gilt für das Dach des Bahnsteigs D. Die 1923 gebaute und 1926 überdachte Fußgängerbrücke, von Richard Brademann im Stil der Neuen Sachlichkeit entworfen, wird wieder aufgebaut.

Doch der schönste Ort, zugleich der historische Kern des Ostkreuzes, verschwindet: der Bahnsteig A mit den großen Bäumen und dem Mosaikpflaster aus Bernburger Grauwacke. Ein Gleis der Nordringkurve ist schon verrostet. In den Pflasterritzen sprießt Moos. Zwar halten auf der Südringkurve noch die Züge der Linie S 9 aus Schönefeld, doch das Abfertigungsgebäude ist bereits seit langem leer. Nicht mal einen Fahrplan gibt es. Ein abgeschiedenes, ruhiges Wunderland für Bahn-Nostalgiker. Doch wer an Berlin schätzt, dass diese Stadt nie ist, sondern immerzu wird, der wird auch die Veränderungen des Ostkreuzes mit Wohlwollen betrachten. Wenn sie denn kommen.

Bahnhof Papestraße

Eine Einladung an die Autofahrer

Der Autolärm ist allgegenwärtig. Ein Rauschen bildet die Grundlage. Das Aufheulen eines überholenden PKWs oder das Dröhnen eines Sattelschleppers sind die Spitzen, die aus dem Klangteppich herausstechen. An der südlichen Innenstadtkante hält der unablässige Strom der Kraftfahrzeuge auf der Stadtautobahn, dem Sachsendamm und der Naumannstraße die Sinne im Griff. Der Plan, ausgerechnet in diesem Autoland einen Bahnhof zu errichten, wirkt ungewöhnlich. Doch genau dies ist das Konzept. Wo sich heute nur der S-Bahnhof Papestraße befindet, will die Deutsche Bahn Autofahrer in ihre Züge locken. In der größten »Park-and-ride«-Anlage der Stadt sollen zwei vierstöckige Parkhäuser mit 2671 Stellplätzen Autos aufnehmen,

während deren Besitzer sich im Zug zurücklehnen. Doch auch für andere Fahrgäste wird dieser Bahnhof leicht zu erreichen sein, denn hier kreuzt die Nord-Süd-S-Bahn den S-Bahn-Ring. Mit den erwarteten 200 000 Nutzern pro Tag wäre dies der zweitwichtigste Fern- und Regionalbahnhof Berlins. Ob er dann noch den Namen des preußischen Generals und Berliner Gouverneurs Alexander August Wilhelm von Pape trägt, wird sich zeigen. Vielleicht kündigen der Senat und die Bahn ihre Entscheidung von 1997 auch wieder auf – und nennen den neuen Knotenpunkt Südkreuz, so wie es sich das Bezirksamt wünscht.

Die Eisenbahn ist hier schon seit langem präsent. 1841 rollen auf der Anhalter Bahn die

Das fast verwaiste Empfangsgebäude 1983. In diesem Jahr wurde die S-Bahn in West-Berlin nur für drei Millionen Fahrten genutzt – 1965 waren es noch 58,1 Millionen gewesen.

ersten Züge, 1871 kommt die Ringbahn und 1875 die Dresdner Bahn hinzu. Allerdings dauert es noch einige Zeit, bis die Züge auch halten. Am 1. Januar 1901 geht der Ringbahnsteig in Betrieb, am 1. Dezember 1901 der Bahnsteig für die Vorortzüge vom Potsdamer Ringbahnhof ins heutige Lichterfelde Ost. Ende der 1930er Jahre plant Hitlers Architekt Albert Speer, in diesem Gebiet am Südende einer Prachtstraße einen gigantischen neuen Bahnhof zu errichten, mit einer Freitreppe und einem tausend Meter langen Vorplatz. Doch mit dem NS-Reich gehen auch diese Pläne unter. Der Bahnhof dient nur dem S-Bahn-Verkehr.

Erst Anfang der 1990er Jahre gerät der Innenstadtrand wieder ins Visier. Stadtplaner wollen ihn zu einem Büro- und Dienstleistungszentrum entwickeln und so den Ansiedlungsdruck der Investoren von der City fern halten. Zeitgleich entsteht mit dem Berliner »Pilzkonzept« eine Verkehrsplanung, in der ein Fern- und Regionalbahnhof Papestraße eine wichtige Rolle spielt: Er liegt an der vorgesehenen Nord-Süd-Verbindung, die den Stiel des gedachten Pilzes bilden soll. Im Auftrag der Bahn erarbeitet das Büro J.S.K. eine Machbarkeitsstudie. Sie sieht einen grandiosen Kreuzungsbahnhof mit einer transparenten Halle vor – dazu einen 100 Meter hohen Hotelturm, Kinos, Büros, ein Fitness-Center, ein Einkaufszentrum mit 28 800 Quadratmetern Bruttogeschossfläche und Parkhäuser für 3000 Autos.

Doch anstatt zu wachsen, schrumpft Berlin. Weil sich keine Interessenten finden, kommen die Ideen der Stadtplaner von einer »urbanen Spange«, einem »städtischen Raum mit eigenständigem Charakter als Tor in das Zentrum« zu den Akten. Die Bahnhofspläne bleiben jedoch bestehen. Die Bahn vereinfacht das Verfahren und will 1995 das Büro J.S.K. nach der Studie auch mit der Planung des Bahnhofs beauftragen – ohne Ausschreibung. Als Senat und Architektenkammer protestieren, lobt sie einen Realisierungswettbewerb aus, den 1999 Max Dudler aus Berlin gewinnt. Doch auf die beiden von ihm geplanten 70 Meter hohen Turmbauten lässt sich der Bauherr nicht ein, J.S.K. wird Generalplaner.

2000 verliert die Bahn erst einmal jegliches Interesse. Weil andere Großprojekte teurer werden als erwartet, leitet der DB-Vorstandsvorsitzende Hartmut Mehdorn das Vorhaben Papestraße auf das Abstellgleis – und verschiebt die Fertigstellung auf die Zeit nach 2010. Seine Pla-

ner sorgen sich auch um die Auslastung des Hauptbahnhofs – Lehrter Bahnhofs. Jeder ICE-Halt anderswo würde ihm Nutzer wegnehmen, also die Vermietung der Läden und Büros erschweren. Initiativen wie die BI Westtangente sind über die Entscheidung nicht traurig: Sie kritisieren das Konzept des »Autofahrerbahnhofs«, weil er den Kraftfahrzeugverkehr begünstige und täglich bis zu 21 000 Autos anlocke. Zudem wird befürchtet, dass die Parkhäuser nicht ausgelastet sein könnten.

Doch der Senat protestiert. Für die Bürger im Süden Berlins sei der Bahnhof wichtig. So gibt die Bahn 2002 dann doch Geld frei, nachdem das Projekt weiter abgespeckt worden ist. 2003 erhält die Walter Bau den 65-Millionen-Euro-Auftrag.

Die Nord-Süd-Strecken werden den unteren Teil des Kreuzungsbahnhofs bilden. Östlich neben dem 152 Meter langen S-Bahnsteig entstehen drei Bahnsteige für den Fern- und Regionalverkehr, jeweils 405 Meter lang und 11 Meter breit. Die beiden äußeren sollen am 28. Mai 2006 in Betrieb gehen – für den ICE nach Leipzig–München, Erfurt–Frankfurt, Dresden und Hamburg. Hinzu kommen Regionalexpresszüge: der RE 3 von Elsterwerda und Senftenberg nach Schwedt und Stralsund, der RE 4 von Falkenberg und Wittenberg nach Wismar, der RE 5 von Jüterbog nach Rostock und Stralsund. Auch der Airport-Express zum Flughafen Berlin Brandenburg International soll hier halten. Doch es ist unklar, wann er ohne Umweg nach Schönefeld fahren kann. Denn für den Wiederaufbau der Dresdener Bahn gibt es keinen Termin – weil Anlieger in Lichtenrade mehr Lärmschutz fordern, hat der Senat das Planfeststellungsverfahren 1997 angehalten. Darum wird der mittlere Fernbahnsteig an der Papestraße erst mal noch nicht mit Technik ausgerüstet und vorläufig nicht genutzt werden.

Die Nord-Süd-Bahnsteige werden auf 380 Meter Länge überdacht. Von der Bahn wird allerdings lediglich eine von rund 100 Stützen getragene Konstruktion mit zwei großen Betonplatten gebaut. Investoren sollen darauf die Parkhäuser errichten und 30 Jahre lang betreiben – solange sich keine Geldgeber finden, bleibt es bei dem Flachdach über den Gleisen. Die Bahn wünscht sich, dass das Parkhaus Süd mit 893 Plätzen und einer Zufahrt vom Sachsendamm im Jahr 2006 steht. Danach soll auch auf der Nordplatte ein Parkhaus gebaut werden, für 1778 Autos und mit einer Zufahrt von der

Ein »Kleinod«, schwärmen Denkmalschützer. Dennoch begann im Herbst 2003 der Abbruch des Empfangsgebäudes. Einige Teile werden in den neuen Bahnhof integriert.

General-Pape-Straße. Unter den Betonplatten erstreckt sich die 15 Meter hohe Bahnsteighalle. Zwischen der Ringbahn und den Parkhäusern lassen Lücken – die eine 22 Meter, die andere 32 Meter breit – Tageslicht herein. Innerhalb der Parkhäuser entstehen 25 Meter breite Lichthöfe.

Mit je zwei S-Bahn- und Gütergleisen soll die Ringbahn den oberen Bahnhofsteil durchmessen. Der neue S-Bahnsteig, 152,5 Meter lang und 31 bis 37 Meter breit, wird als zentrales Verteilergeschoss dienen. Eine 12,5 Meter hohe Halle überspannt ihn in voller Länge. Sie ist 47 Meter breit, hat verglaste Seitenwände und sieben Oberlichtbänder. Anfangs sollte die Konstruktion aus Stahl und Glas bis zu 18 Meter hoch werden und ein wellenförmiges Dach erhalten, aber aus Spargründen ist die Konstruktion vereinfacht worden. Auch den von den Grünen geforderten Regionalbahnsteig wird es nicht geben. Auf eines wird aber nicht verzichtet: Teile des 1901 eröffneten Empfangsgebäudes von Karl Cornelius und Waldemar Suadicani, das Denkmalpfleger als »Kleinod in den Formen

der märkischen Backsteingotik« rühmen, werden wieder verwendet. Der Uhrturm soll die Fassade des Parkhauses Süd schmücken.

Sechs Aufzüge und 20 Fahrtreppen werden alle Ebenen verbinden. Vor der westlichen Eingangshalle entsteht nach Plänen des Berliner Büros Topotek 1 ein Vorplatz mit Bushaltestellen, Taxiständen, 150 Fahrradstellplätzen und einem Kurzparkbereich für »Kiss and Ride«. Vom Eingang bis zum Dach der Ringbahnhalle wird der neue Bahnhof Papestraße markante 30 Meter hoch sein. Die Einladung an die Autofahrer soll unübersehbar ausfallen.

Die Computersimulation zeigt den Eingang auf der Schöneberger Seite. Eine S-Bahn rollt gerade in die Ringbahnhalle ein.

Ein ICE hält in der 15 Meter hohen Halle. Auf der Nord-Süd-Verbindung soll Ende Mai 2006 der Fern- und Regionalverkehr beginnen.

Blick aus Südwesten auf den Bahnhof an der Stadtautobahn. Die beiden Parkhäuser über den Nord-Süd-Gleisen sollen von Investoren gebaut werden.

Potsdamer Bahnhof
Wo alles begann

Eine Ansicht aus der Anfangszeit der ersten preußischen Eisenbahn, die 1838 eröffnet wurde. Zu Fuß und per Kutsche kamen die Reisenden zum Potsdamer Bahnhof.

König Friedrich Wilhelm III. zeigt sich ungnädig: »Kann mir keine große Glückseligkeit vorstellen, ob man einige Minuten in Potsdam früher ankommt oder nicht« – dieser Satz wird ihm zugeschrieben. Angeblich hält er die kurze Strecke für unwirtschaftlich. Doch sein Sohn Kronprinz Friedrich Wilhelm IV. hält dagegen. Er antwortet: »Diesen Karren, der durch die Welt rollt, hält kein Menschenarm mehr auf.« Ob diese Überlieferung stimmt, wer weiß. Die Bemerkung des Königs lässt jedenfalls eines ahnen: Die Anfänge der Eisenbahn Berlin–Potsdam sind schwierig.

Am 9. April 1833 erhält das preußische Ministerium des Innern von Bürgern eine Eingabe mit der Aufforderung, den Bau einer Bahn von Naumburg über Potsdam und Berlin nach Breslau zu unterstützen. Die Zusicherung könne nicht eher erteilt werden, bis man eine »vollkommene Überzeugung von der allgemeinen Nützlichkeit« gewonnen habe, entgegnen die Beamten. Aber die Bürger lassen nicht nach – bis sie das vom König unterschriebene »Privilegium einer Dampfwagenfahrt« in den Händen halten, wenn auch nur für Potsdam–Berlin.

Am 10. August 1837 beginnt der Bau des 26,3 Kilometer langen Gleises. Seine Führung folgt dem Plan des Oberbaurats August Leopold Crelle. Der für zwei Gleise geeignete Damm muss mindestens 50 Ruthen, das sind 18,3 Meter, von der Landstraße entfernt verlaufen, damit dort die Pferde nicht scheuen. Die Planer der ersten Eisenbahn in Preußen sagen zu, den Damm mit Obstbäumen zu bepflanzen – das würde die Wirtschaftlichkeit erhöhen. Am 22. September 1838 ziehen die Lokomotiven Pegasus und Adler den ersten Zug von Potsdam nach Zehlendorf. Am 29. Oktober 1838 wird die Gesamtstrecke eingeweiht. Nach 41 Minuten erreicht der Eröffnungszug Potsdam. Die Journalière, wie die Schnellpost damals heißt, braucht dafür rund drei Stunden.

Der erste Berliner Bahnhof, vor dem Potsdamer Tor gelegen, ist schlicht: ein Gleis, ein Seitenbahnsteig, ein Stall für 45 Pferde, Warteräume, ein Lokschuppen. Doch die Berliner sind zufrieden. Und neugierig. »Ungeachtet der vorgerückten Jahreszeit strömten die Berliner dem neuartigen Transportunternehmen massenweise zu«, wird berichtet. Also wird investiert. Die Pferde, die bis November 1839 frühmorgens und abends Züge gezogen haben, werden ausgemustert. Von 1840 an haben alle Wagen ein Dach. Auch wenn Hunde und Säuglinge im Coupé verboten sind und Rauchen nur mit Deckelpfeife gestattet ist: 583 000 Reisende werden 1839 gezählt, die meisten fahren am Sonntag. Die Berliner zieht es schon damals ins »Jrüne«. Allerdings ist schon die einfache Fahrt mit mindestens 7,5 Silbergroschen für die Unterschicht unerschwinglich.

Wer mit dem Zug nach Steglitz reist, hat freien Eintritt ins dortige Theater. Bei einer Aufführung wird das Lamm, das darin vorkommt, verlost – ein Angebot, das die Berliner in Scharen anlockt. Doch Generalfeldmarschall Friedrich Graf von Wrangel, der in dem aus sieben Gehöften und einem Schloss bestehenden Dorf wohnt, findet »diesen Unfug« degoutant. Um ungestört ruhen zu können, setzt er durch, dass der Bahnhof Steglitz 1846 erst einmal wieder geschlossen wird.

Von 1869 an wird der alte Bahnhof am Potsdamer Tor ersetzt. Nach Plänen von Ludwig Julius Quassowski entsteht ein »stattlicher, in reicher Renaissancearchitektur durchgebildeter Ziegelrohbau aus Greppiner Steinen in Verbindung mit reicher Werksteinverkleidung, der durch seine Vornehmheit der Umgebung zur Zierde gereicht«, so ein Bericht. Viel Lob findet die 171,55 Meter lange und 36,07 Meter breite Halle, in der fünf Gleise und drei Bahnsteige untergebracht sind. Denn sie ist fast ganz mit Glas gedeckt, was für eine »vortreffliche Beleuchtung« sorgt. Der Potsdamer Bahnhof, der Skeptikern halb wie eine Kaserne, halb wie ein Palast anmutet, kostet über vier Millionen Mark. Am 30. August 1872 wird er eingeweiht – durch Kaiser Wilhelm I. Der Verkehr beginnt am

1896 waren die Fahrgäste nicht mehr allein auf die Kutschen angewiesen. Ein Pferdeomnibus nach Treptow hielt vor dem Potsdamer Bahnhof.

Formvollendet! Die Aufsicht grüßt hübsche weibliche Fahrgäste mit der Hand an der Schirmmütze. Aufnahme um 1925.

1. November 1872. Es gibt Schnellzüge nach Magdeburg und darüber hinaus; Staatsgäste wie Franz Joseph von Österreich-Ungarn werden hier empfangen. 1925 wird der Leichnam des ersten Reichspräsidenten, Friedrich Ebert, vom Potsdamer Bahnhof in dessen Heimatstadt Heidelberg überführt. Doch der Nahverkehr dominiert, für ihn werden 1891 sogar zwei Flügelbahnhöfe eingerichtet – der Wannsee- und der Ringbahnhof. Im Geschäfts- und Vergnügungs-

viertel am Potsdamer Platz treffen früh morgens die Pendler aus dem Südwesten ein. In der Gegenrichtung reisen Berliner zum Spaziergang nach Caputh oder zum Baumblütenfest nach Werder.

Ihrer gehobenen Klientel will die Reichsbahn etwas Besonderes bieten. Obwohl ein Versuch ergibt, dass der elektrische Betrieb kostspieliger als der Dampfbetrieb ist, wird die Vorortstrecke vom Potsdamer Ringbahnhof ins heutige Lich-

1931 wurde das Hallendach des Potsdamer Bahnhofs erneuert.

terfelde Ost »elektrisiert«. Im Juni 1903 fährt der erste Zug mit 550 Volt Gleichstrom vom östlichen Flügelbahnhof ab. Im selben Jahr haben in der Haupthalle die »Bankierzüge« Premiere: schnelle Dampfzüge, die auf den Ferngleisen nach Zehlendorf und Wannsee rollen. Von Juli 1929 an sind diese Gleise mit Stromschienen ausgestattet. Ab 1933 fahren die »Bankierzüge« mit 800 Volt Gleichstrom in nur zehn Minuten nonstop nach Zehlendorf.

1934 zählt die Reichsbahn am Potsdamer Bahnhof 420 000 abreisende Personen im Fernverkehr; der benachbarte Ringbahnhof hat 11 854 100 Reisende. Die Bombenschäden im November 1943 sind der Anfang vom Ende. 1945 wird der Verkehr in der Ruine eingestellt. Ein Gleis im Ringbahnhof wird vom 6. August 1945 bis 27. Juli 1946 noch von der S-Bahn genutzt, weil der Nord-Süd-Tunnel wegen Überflutung unbefahrbar ist.

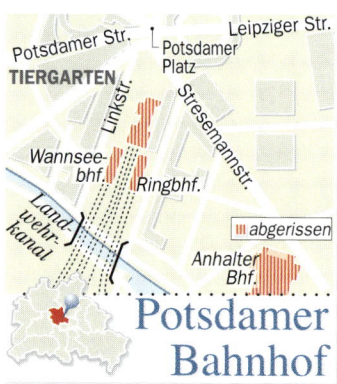

Potsdamer
Bahnhof

1958 beginnt die Reichsbahn-Bau-Union mit der Abtragung des Bahnhofs, die zwei Jahre dauert.

»Nach heutigen Begriffen war der rote Ziegelbau am Potsdamer Platz nicht gerade ein schönes Baudenkmal«, schreibt die Zeitung »Welt der Arbeit«. »Trotzdem befällt jeden Berliner ein Gefühl der Wehmut, wenn nun ein steinerner Zeuge nach dem anderen vom Erdboden verschwindet.«

In dem Stadtviertel, das nach dem Mauerfall am Potsdamer Platz entstanden ist, lässt sich der Standort des ersten Berliner Bahnhofs gut ausmachen. Dort erstreckt sich heute der Tilla-Durieux-Park, eine vom niederländischen Architektenbüro DS entworfene, spartanisch einfach wirkende Grünanlage.

Nebenan, wo einst das Haus Vaterland mit seinen diversen Gaststätten und Tanzsälen stand, sind 2001 der Bundesvorstand und die Hauptverwaltung der Gewerkschaft Verdi in die Park-Kolonnaden eingezogen. Eine Gewerkschaft! Wenn das Friedrich Wilhelm III. gewusst hätte!

1945 lag das Hallendach von Bomben zerstört am Boden. Nach dem Krieg wurde der Fernbahnhof nicht wieder in Betrieb genommen.

Bahnhof Potsdamer Platz
Unterirdisch in die neue Mitte

Die Bahnstation unter dem Potsdamer Platz, in der am 28. Mai 2006 erstmals Regionalverkehrszüge halten sollen, ist bereits unübersehbar. An den beiden neun Meter hohen Pavillons, die den Eingang markieren, prangt der Schriftzug: »Bahnhof Potsdamer Platz«. Dazwischen ragen drei »Light Pipes« empor – von Spiegeln gekrönte Zylinder, in denen transparente Folie Tageslicht in das unterirdische Bauwerk leitet. Die quadratischen Gebäude aus Stahl und Glas sowie die »Lichtrohre« sind architektonische Statements, die zu ihrem gestylten Umfeld passen. Nebenan ragt das mit Klinkern verblendete Hochhaus Potsdamer Platz 1 auf, in dem der schnellste Aufzug Europas in 20 Sekunden vom Parterre zur Aussichtsplattform schießt.

Es konkurriert mit dem BahnTower des Sony Centers und dem Komplex, den der Milliardär Otto Beisheim für 450 Millionen Euro aus seinem Privatvermögen bauen ließ. Für Berliner Verhältnisse ungewöhnlich viele Anzugträger bevölkern die Gehwege; Bundesfinanzminister Hans Eichel hat hier sein Berlin-Domizil. Der Regionalbahnhof Potsdamer Platz markiert das, was euphorisch Berlins »neue Mitte« genannt wird.

Was für eine Wandlung! Nach dem Zweiten Weltkrieg ist dies lange Zeit die leere Mitte. Der Potsdamer Bahnhof, der Pendlerschwärme aus den besseren Vierteln morgens ausstieß und abends einsog, wird Ende der 1950er Jahre abgerissen. Durch den Mauerbau 1961 gerät die Brache endgültig ins Abseits. Der einst verkehrs-

Der Tiergartentunnel in der Nähe des Potsdamer Platzes. Der größte Teil der vier Röhren wurde gebohrt und dabei mit 27 300 Stahlbetonschalen, den »Tübbings«, ausgekleidet.

In der Passerelle fallen
die Doppelstützen mit
den »Betonpilzen« auf.
Sie müssen jeweils 7500
Tonnen tragen – schließ-
lich steht auf ihnen ein
Hochhaus.

Eine von drei »Light Pipes«.
Die mit Folie ausgekleide-
ten »Lichtrohre«, bis zu
20,8 Meter lang und maxi-
mal 10,5 Tonnen schwer,
leiten Tageslicht in den
Regionalbahnhof.

Jenseits des nördlichen
Eingangspavillons erheben
sich zwei rund 70 Meter
hohe Häuser. In der Nähe
verliefen einst Mauer und
Todesstreifen.

reichste Platz Europas wird nur noch von Touristenbussen angefahren, deren Fahrgäste den Todesstreifen betrachten wollen. Gegenüber vom früheren Hotel Esplanade kampieren 1988 Autonome und flüchten über die Mauer in die DDR, als die Polizei kommt. Am Landwehrkanal macht sich einer der schmuddligsten Flohmärkte Berlins breit, später bieten Polen Wodka und Würste an. Eine wilde Stadtsteppe ist entstanden. Doch Daimler-Benz kauft bereits vor dem Mauerfall einen Teil davon. Eine Entscheidung, die sich als genial erweist.

Als Ende 1989 ein Loch in die Mauer am Potsdamer Platz geschlagen wird und dort, wo einst die erste Ampel Deutschlands stand, Zweitakter-Autos tuckern, stehen alle Zeichen auf Anfang. Auf der größten Baustelle Berlins, medienwirksam mit einem »Kranballett« gefeiert, wird in

den 1990er Jahren die leere Mitte gefüllt. Im Quartier DaimlerChrysler und im Sony Center entstehen Büros, Wohnungen, Geschäfte, Kinos, eine Spielbank und ein Musical-Theater. Eine Mischung, die Architekturkritiker anfangs den Zeigefinger schwingen lässt – und dann ratlos macht, denn die Stadtretorte brodelt mit Leben.

So lässt sich die Entscheidung, die Nord-Süd-Verbindung der Bahn hier mit einem unterirdischen Regionalbahnhof zu versehen, leicht nachvollziehen. Ende 1994 beginnt der Bau. Zunächst werden 1,2 Meter dicke Schlitzwände bis zu 25 Meter tief in den Untergrund getrieben. Dazwischen schachten Bagger nach und nach 270 000 Kubikmeter Erdreich aus. In der gefluteten Baugrube schwimmen Taucher hinab, um dafür zu sorgen, dass 1350 Stahlanker an den richtigen Stellen in den

Die Grafik zeigt den Knotenpunkt, der unter dem Potsdamer Platz entsteht. Der Westteil dient dem Regionalverkehr, der Ostteil der S-Bahn. Der vorsorglich für die U-Bahn-Linie 3 angelegte Tunnel, quert das verzweigte Bauwerk.

▷ Von 2006 an halten Regionalverkehrszüge 20 Meter unter dem Potsdamer Platz. Fernzüge fahren dagegen durch – mit Tempo 120.

Boden gerammt werden. Die Stäbe sorgen dafür, dass die Grubensohle aus 1,5 Meter dickem, mit Stahlfasern verstärktem Beton nicht wie eine Gummi-Ente in der Badewanne nach oben getrieben wird. Denn das Grundwasser drängt mit einem gewaltigen Druck von 20 Tonnen pro Quadratmeter heran. Als Nächstes befördern Pumpen das Wasser aus der Baugrube. Wieder fließt Beton in das unterirdische Bauwerk – 59 000 Kubikmeter werden es schließlich insgesamt sein. Anfang 2000 ist der 260 Meter lange und 50 Meter breite Regionalbahnhof im Rohbau fertig. Es handelt sich um einen monolithischen, ziemlich weit verzweigten Baukörper aus wasserdichtem Stahlbeton.

Auf der untersten Ebene weitet sich der viergleisige Tunnel zu einer zwölf Meter hohen Halle auf. Der ICE wird sie auf den beiden äußeren Gleisen durchfahren – mit Tempo 120. Auf den inneren Gleisen werden Regionalverkehrszüge an den 230 Meter langen und im Durchschnitt 11,5 Meter breiten Bahnsteigen halten. Drei Schwallöffnungen werden die Luft, die die

Züge im Tunnel vor sich her schieben, von der Halle fern halten und sie aus 20 Metern Tiefe nach oben leiten.

Drei Treppenanlagen höher befindet sich die Ebene minus eins, die seit dem 2. Oktober 1998 begehbar ist – als unterirdische Verbindung zwischen den Potsdamer Platz Arkaden, dem Sony Center und dem S-Bahnhof. Die acht Meter unter dem Platz gelegene Passerelle ist nach den Plänen von Hilmer & Sattler und Modersohn & Freiesleben entstanden. Die Lichtplanung stammt vom Büro Licht Kunst Licht. Die Böden sind aus grauem Terrazzo, in großen quadratischen Feldern verlegt; die Decke ist mit feinem Edelstahlgewebe abgehängt, das Lautsprecher und Leuchten mit blauem und weißem Licht verbirgt. Halb transparente, hinterleuchtete Glasplatten verkleiden die Wände. »Wie im Innern eines Bergkristalls sollen sich die Fahrgäste fühlen«, so die Planer. Auffällig sind die vier Stützen mit den »Betonpilzen«, die sich zur zwei Meter dicken Passerellen-Decke hin auf 6,5 Meter Durchmesser weiten. Sie sind so mächtig ausgefallen, weil sie jeweils mehr als 7500 Tonnen

tragen müssen. Denn auf diesem Teil des Bahnhofs steht das Hochhaus Potsdamer Platz 1.

Es gibt sogar eine Ebene minus 0,5. Von
West nach Ost zieht sich das »Vorratsbauwerk«
für die U-Bahn-Linie 3, die vom Adenauerplatz
nach Weißensee führen soll, durch die Passerelle. Der 550 Meter lange Tunnel entstand,
damit die Potsdamer Straße nicht wieder auf-
gerissen werden muss, wenn sich der Senat
entschließen sollte, die U 3 zu bauen – was
angesichts der Leere in der Landeskasse aber
nicht zu erwarten ist.

Die offenen Pavillons lassen den Wind in den
Bahnhof. Die Größe der Passerelle, die 140
Meter lang und 50 Meter breit ist, führt zu
beachtlichen Unterhaltungskosten. Darum wird
auch hier gespart: Bei den drei von Peter Schuck
entworfenen »Light Pipes« wird es bleiben, die
übrigen acht werden nicht gebaut. Doch auch
ohne sie ist diese Verteilerebene auf eine Art
markant, die in Berliner Verkehrsbauten sonst
kaum zu finden ist.

Die Renaissance, die der benachbarte S-Bahnhof Potsdamer Platz erlebt hat, lässt auch für

den Regionalbahnhof hoffen. Bis Ende 2004 sollen die Gleise im Tunnel verlegt sein, 2005 die
Stromschienen an der Decke befestigt werden.
Im Jahr darauf halten hier die Regionalexpresszüge der Linie RE 3 von Stralsund und Schwedt
nach Elsterwerda, der Linie RE 4 von Wismar
nach Lutherstadt Wittenberg und Falkenberg
sowie jene der Linie RE 5 von Rostock und Stralsund nach Jüterbog. Die Bahn erwartet täglich
50 000 Reisende im Bahnhof Potsdamer Platz.
Dann ist aus der leeren Mitte endgültig die neue
Mitte geworden.

Bahnhof
Potsdamer Platz

Bahnhof Schöneweide

Das Aschenputtel

Der Verkehrsknotenpunkt Bahnhof Schöneweide im Juni 1974. Damals konnte man von hier aus noch, ohne umzusteigen, nach Thüringen oder Sachsen reisen.

Es gibt attraktive Bahnhöfe. Und es gibt Bahnhöfe in attraktiver Umgebung. Für Schöneweide gilt weder das eine noch das andere. Die Backsteinfassade wirkt düster. Die Halle scheint auf dem Weg vom real existierenden Sozialismus in die Gegenwart irgendwo stecken geblieben zu sein. Die Toilette ist seit dem Untergang der DDR nicht renoviert worden, sie sieht so aus wie früher. Und vor der Bahnhofstür tobt der Verkehr auf der Michael-Brückner-Straße (ehemals Grünauer Straße), einem der am stärksten befahrenen Verkehrswege der Stadt. Jenseits der Spree dämmert ein ausgeblutetes Wohn- und Industrieviertel dahin. Kurzum, Schöneweide wirkt wie das Aschenputtel unter Berlins Bahnhöfen. Dabei ist dies einst das Arbeitstier gewesen:

der zweitwichtigste Fernbahnhof von Berlin, Hauptstadt der DDR.

Mitte des 19. Jahrhunderts ist die »Schöne Weide« ein beliebtes Ausflugsziel. Der erste Name des Haltepunkts an der Görlitzer Bahn, der ab dem 1. Juni 1874 regelmäßig bedient wird, zeigt es: Neuer Krug. Später steht Niederschöneweide-Johannisthal auf dem Schild, dann Nieder-Schöneweide (Johannisthal). Aber der Ausflugsverkehr geht zurück, nach einer Färberei und einer Brauerei wachsen weitere Fabriken empor – ein Kabelwerk, ein Gaswerk, später sogar eine Autofabrik, die NAG.

Von 1902 an wird der Bahnhof erweitert. Dabei entsteht auch das heutige, inzwischen denkmalgeschützte Empfangsgebäude. Seit

Im Mai 1984 verkehrten in Schöneweide auch Schnell-züge. 2004 stehen nur noch Regionalbahnen zu Zielen wie Calau oder Kummersdorf auf dem Fahrplan.

1906 rollen die Züge auf einem Damm, der mit Aushub aus dem Teltowkanal aufgeschüttet worden ist. 1928 beginnt der elektrische S-Bahn-Betrieb, 1929 wird der Bahnhof in Schöneweide umbenannt. Am Fernbahnsteig halten Züge nach Cottbus, Görlitz und Breslau.

Doch richtig voll wird es hier erst zu DDR-Zeiten. Weil die Mauer andere Relationen verbaut, wird die Görlitzer Bahn eine wichtige Route von und nach Ost-Berlin. Durch seine Lage dafür prä-destiniert, wird der Bahnhof Schöneweide zum Abfahrtsort für Züge in den Süden der DDR, vor allem nach Thüringen. Sogar nach Stendal, Mag-deburg und Aschersleben kann man von hier aus fahren. Auch der benachbarte Bahnhof Baum-schulenweg wird Fernzughalt, allerdings vor

allem für Sonder- und Entlastungszüge. Am Wochenende ist der Ansturm in Schöneweide zuweilen so groß, dass die Transportpolizei die Treppen zum Bahnsteig D sperrt. In der Mitropa und der angrenzenden Holzbaracke drängen sich wahre Menschenmassen. Nur zwei Bahn-steigkanten stehen für den Fernverkehr zur Ver-fügung.

1969/70 absolviert Frank Castorf eine Fachar-beiterlehre bei der Reichsbahn, sein Dienstaus-weis trägt den Stempel des Bahnhofs Schöne-weide. »Ich habe Reichsbahnfahrkarten verkauft und sollte beispielsweise auch Reisende in den Zügen kontrollieren, was mir sehr peinlich war«, erzählt der Intendant der Volksbühne sei-nem Biografen Jürgen Balitzki. Noch peinlicher ist ihm die Dienstkleidung. Castorf ergänzt sie mit gelben Strümpfen und roten Kordschuhen.

1970 fahren einem Zeitungsbericht zufolge 1,1 Millionen Reisende in dem Mini-Bahnhof ab, 1977 sind es 1,8 Millionen. 1978 wird von täglich 54 Zugabfahrten und 41 Ankünften berichtet. Die Reichsbahn versucht, den Bahnhof dem Andrang anzupassen. Die Halle wird von 190 auf 630 Quadratmeter vergrößert, die Zahl der Fahrkartenschalter auf sechs erhöht. »In neun Monaten machten Bauarbeiter bei vollem Reisebetrieb aus einem unansehnlichen Abfertigungsgebäude ein wahres Schmuckkästchen«, schreibt die Berliner Zeitung am 20. Juli 1973. 1985, ein Jahr nach der Streckenelektrifizierung, gibt es neue Fußbodenfliesen und Treppen, die Fassade genießt eine Säuberung.

Nach dem Hauptbahnhof Dresden wird auch Schöneweide Nichtraucherbahnhof. Am 1. Juli 1974 ist es offiziell. Verbots-Piktogramme werden aufgehängt, rote Metallaschenbecher postiert. »Stellen Sie bitte das Rauchen ein«, tönt es aus dem Lautsprecher. Ob es nützt, schreiben die Zeitungen nicht. Auch nicht, wann dieser Versuch, Teil des DDR-weiten »Mach-mit«-Wettbewerbs, beendet wird. 1978 gibt es schon wieder etwas Neues: Die Reichsbahn erklärt die Fernfahrkartenausgabe zum »Lehrlingsobjekt« – Juniorbahnhof würde das heute heißen. Ob das alles die Atmosphäre in dem überlasteten Fernbahnhof verbessert hat? Ob er noch Zeit habe, im Trubel auf die Kritik von Reisenden zu reagieren, wird Verkehrsleiter Fred Brückmann von der Berliner Zeitung gefragt. »Jedenfalls bemühen wir uns darum«, lautet die veröffentlichte, ziemlich gequält wirkende Antwort. »Wir sind ja schließlich ein Dienstleistungsunternehmen. Im Übrigen ist Höflichkeit im Umgang eine gegenseitige Sache.« Ein dezenter Hinweis darauf, dass es Fahrgäste, von Verspätungen und überfüllten Zügen genervt, zuweilen am Salonton mangeln lassen.

Anfang der 1990er Jahre endet der Fernverkehr. Die »Bullenbahn«, auf der massige Elektro-

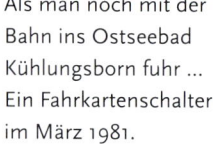

Als man noch mit der Bahn ins Ostseebad Kühlungsborn fuhr ... Ein Fahrkartenschalter im März 1981.

loks Güterzüge nach Oberschöneweide brachten, hat immer weniger zu tun und wird von 1997 an abgebaut. Das Kabelwerk Oberspree gibt es nicht mehr, die Brauerei Bärenquell und viele andere Betriebe sind ebenfalls dicht. Wo einst Güterwagen standen, befindet sich seit 2003 ein Einkaufszentrum. Auch auf dem Rangierbahnhof ist es ruhig geworden – dort wurden Ende der 1970er Jahre fast drei Viertel der für die DDR-Hauptstadt bestimmten Frachten behandelt.

Zwar ist auf den S-Bahnsteigen B und C weiterhin einiges los. Sogar einen DB-Fahrkartenschalter gibt es. Doch nur noch etwas mehr als 30 Regionalbahnen – nach Lübbenau–Hoyerswerda und Beeskow–Frankfurt (Oder) – stehen auf dem Fahrplan. Die einst so stark frequentierte Bahnhofsgaststätte hat dicht gemacht. Bahnsteigsperrungen wegen zu großen Andrangs sind nicht mehr nötig. Der kleine Bahnhof im Südosten der Stadt, in dem so viele Menschen ihre erste Begegnung mit Berlin erlebten, hat an Bedeutung verloren.

Das Empfangsgebäude, hier ein Bild von 2003, hat sich seit rund hundert Jahren kaum verändert. Die Umgebung dagegen schon: Nebenan befindet sich nun ein Einkaufszentrum.

Bahnhof Spandau
Bei Berlin

Im Oktober 1976 hielten die Transitzüge erst seit einem Monat im Bahnhof Berlin-Spandau auf der Ostseite der Havel. Heute befindet sich hier der S-Bahnhof Stresow.

Wenn sich Spandauer nach Charlottenburg oder gar Mitte bewegen müssen, sagen sie: »Ich fahre nach Berlin« – als läge eine längere Reise voller Unwägbarkeiten vor ihnen. In der Stadt an der Havel, die erst 1920 nach Berlin eingemeindet worden ist, gehört Lokalpatriotismus zum guten Ton. Und dieser Ton kann schon mal recht laut werden. Das mussten Berliner Senatspolitiker, die den Wiederaufbau der S-Bahn nach Spandau für nicht ganz so wichtig hielten, erschrocken zur Kenntnis nehmen: Sie wurden bei öffentlichen Foren niedergeschrien. Ein parteiübergreifendes Bündnis organisierte 1992 ein erfolgreiches Bürgerbegehren für die S-Bahn, das von 25 527 Spandauern unterstützt wurde. Ähnlich viel Wirbel gab es, als Planer laut darüber nach-

dachten, ob der Intercity Express denn unbedingt in Spandau halten müsse. Wie viel Fahrzeit ließe sich sparen, wenn er ohne Halt durchbrausen würde! Auch diesmal war der Protest unüberhörbar. So haben die Spandauer 1998 gleich zweifach ihren Willen bekommen: Ein Bahnhof wurde eröffnet, in dem sowohl S-Bahnen als auch ICE-Züge halten.

Den ersten Spandauer Bahnhof gibt es heute noch – was sich in Berlin nur von wenigen Gebäuden aus dem 19. Jahrhundert sagen lässt. Friedrich Neuhaus hat das zweigeschossige Empfangsgebäude auf dem Stresow, östlich der Havel, entworfen.

Am 15. Oktober 1846 wird der Bahnhof Spandau (heute S-Bahnhof Stresow) zusammen mit der Hamburger Bahn eingeweiht. Ab 1871 führt auch die Lehrter Bahn durch Spandau, doch deren Züge legen zunächst nur westlich der Havel einen Halt ein – an einem Holzbau, der rasch zerlegbar sein muss, damit das Militär zügig freies Schussfeld erhält.

Nach der Verstaatlichung der Hamburger Bahn wird neu organisiert. Reisezüge halten von 1890 an im Bahnhof Spandau, der von 1911 bis 1936 Spandau Hauptbahnhof heißt. Die Anlage westlich der Havel dient zunächst als Güterbahnhof. 1910 öffnet hier der Vorortbahnhof, der kurz darauf Spandau West genannt wird.

Am 21. Juni 1931 macht der Hauptbahnhof Schlagzeilen. Am Bahnsteig C trifft am Morgen der »Propeller-Wagen« mit seinem Konstrukteur Franz Kruckenberg ein. Der »Schienenzeppelin« hat 258,4 Kilometer in 98 Minuten zurückgelegt – mit einem Höchsttempo von 230 Kilometern pro Stunde. Weltrekord! Auf 100 Kilometer verbraucht er 60 Liter Kraftstoff, weniger als seinerzeit ein Auto. Die Technik setzt sich nicht durch, doch das Stromliniendesign findet sich in den Triebzügen wieder, die in diesem Jahrzehnt ihre erste Blüte erleben. Von 1933 an rast der »Fliegende Hamburger« durch Spandau, zwei Jahre später auch der »Fliegende Kölner« – beide bis zum Beginn des Krieges.

Nach 1945 wird der Fernverkehr auf der Lehrter Bahn nicht wieder aufgenommen, auf der Hamburger Bahn setzt er erst ab 1949 wieder ein. Allerdings fahren fast alle Fernzüge durch. Auch von seinen traditionellen Nahverkehrsverbindungen ins Havelland wird der Bezirk abgeschnitten. Als Erstes ist die ab 1912 in Spandau West beginnende Osthavelländische Eisenbahn an der Reihe: Am 21. August 1950 wird das grenzüberschreitende Teilstück stillgelegt. Als Nächstes entfällt der Vorortverkehr auf der Hamburger und Lehrter Bahn. Vom August 1951 an beginnen die S-Bahn-Züge ins Stadtzentrum schon in Falkensee und Staaken. Wer aus der DDR in das als Hort der Konterrevolution verfemte West-Berlin will, muss dort umsteigen und eine Zoll- und Passkontrolle über sich ergehen lassen. Der Winterfahrplan, der bis 17. Mai 1952 gilt, enthält noch ein paar Personenzüge, die aus Wittenberge, Rostock oder Oebisfelde über Spandau zum Ostbahnhof fahren. Doch auch diese durchgehenden Verbindungen fallen nach und nach weg. Anschließend rollen nur noch Transitzüge durch Spandau – bis es selbst damit vorbei ist, und zwar schon ein paar Tage früher, als von der DDR geplant.

Denn am Abend des 5. Dezember 1961 gelingt auf der Hamburger Bahn eine spektakuläre Flucht aus der DDR. An jenem feuchten Winter-

Der Fernbahnsteig 1990 aus der Fahrgastperspektive. Der S-Bahnsteig nebenan war bereits seit dem Reichsbahner-Streik 1980 außer Betrieb.

Der neue Bahnhof Spandau
ist 1998 auf der Westseite
der Havel eröffnet worden.
Eine Fahrtreppe führt zum
S-Bahnsteig hinauf.

Blick vom Rathaus Spandau.
Ein ICE steht unter dem
längsten Glasdach, das ein
Bahnhof in Europa zu bieten
hat.

tag bricht Lokführer Harry Deterling mit einem Personenzug aus Oranienburg nach Spandau durch. Weil der Reichsbahner die geforderte Jubelerklärung zum Mauerbau nicht unterschrieben hat, droht ihm die Umerziehung in den Ziegeleien von Zehdenick. Er nimmt seine Ehefrau und die vier Kinder, Freunde und Bekannte an Bord. Gegen 20 Uhr 45 erreicht der Zug Albrechtshof, wo er umkehren soll. Nun wird es ernst: Deterling setzt die Notbremsen außer Kraft, gibt Volldampf, ringt der Pfeife Notsignale ab und verkriecht sich mit seinem Heizer im Tender, um sich vor Schüssen zu schützen. Doch es geschieht nichts – die Grenzer verwechseln die Lok und die acht Wagen offenbar mit einem Transitzug aus Hamburg, der kurz darauf erwartet wird. Das Grenztor fliegt zur Seite. Erst knapp 200 Meter vor Spandau West endet die wilde Fahrt. Sechs Fahrgäste und der Zugführer laufen zurück, 25 Menschen bleiben im Westen. Für den Lokführer ist es das schönste Geburtstagsgeschenk: Er wird am 6. Dezember 1961 26 Jahre alt. Noch in der Nacht wird das grenzüberschreitende Gleis

zwischen Albrechtshof und Staaken unterbrochen. Die Hamburger Transitzüge müssen über Griebnitzsee fahren.

Erst vom 26. September 1976 an fahren die Transitzüge wieder durch Spandau, was den Fahrgästen bis zu 45 Minuten Reisezeit erspart. Durch die sechs bis acht Schnellzüge pro Tag belebt sich der einstige Hauptbahnhof (nun Berlin-Spandau) wieder. Dafür endet der S-Bahn-Betrieb: Nach dem Ende des West-Berliner Reichsbahner-Streiks am 28. September 1980 wird der Verkehr nicht wieder aufgenommen. Die Gleise verrosten, die Station Spandau West verfällt.

Erst der Mauerfall Ende 1989 eröffnet wieder neue Möglichkeiten. Noch zu DDR-Zeiten hat Bezirksbürgermeister Werner Salomon Schlagzeilen gemacht, indem er gegen viele Widerstände eine Partnerschaft mit Nauen aufbaute. Nun werden die nie ganz abgerissenen Verbindungen neu belebt. Es beginnt mit Sonderzügen, die in der Adventszeit von Magdeburg und Stendal nach Spandau rollen. Am 1. August 1990 wird der Bezirk via Hamburg an das Intercity-Netz

Viele Spandauer haben für die Wiederinbetriebnahme ihrer S-Bahn gekämpft. Mit Erfolg: Seit dem 30. Dezember 1998 ist ihr Bezirk wieder am S-Bahn-Netz.

angebunden – zunächst durch einen Triebzug VT 601, der einst als Trans-Europa-Express unterwegs war.

Am 13. August 1990 kommt auch der Nahverkehr wieder ins Rollen: Auf der Lehrter Bahn verbinden drei Zugpaare Rathenow mit Spandau. Vom 30. September 1990 an kommen täglich bis zu elf Schienenbusfahrten nach Falkenhagen hinzu, einmal pro Tag rollt eine dunkelrote »Blutblase« weiter nach Nauen. Ab Juni 1991 gibt es dann mit Doppelstockzügen einen Stundentakt in die havelländische Kreisstadt. Die Direktverbindung über die Hamburger Bahn, seit Harry Deterlings Flucht außer Betrieb, wird am 28. Mai 1995 wieder eröffnet. Nun fahren erneut Regionalzüge von Spandau über Falkensee nach Nauen – zunächst Triebwagen, die sogleich überfüllt sind.

Bereits 1992 wird mit dem Bau der Hochgeschwindigkeitsstrecke zwischen dem Spandauer Ortsteil Staaken und Oebisfelde begonnen. Ungefähr dort, wo sich Spandau West befand, entsteht der neue Bahnhof Spandau. Er fällt nicht so groß aus, wie es der Züricher Architekt Santiago Calatrava geplant hatte. Sein Entwurf, der bei einem Wettbewerb am 27. September 1991 den ersten Preis erhielt, sieht einen gewaltigen Komplex aus Stahl, Glas und Beton vor. Zwei sechsgeschossige Gebäude mit Läden, Büros

und Hotelzimmern sollen alle Gleise überspannen. Eine transparente Konstruktion auf baumartigen Stützen ist über den Bahnsteigen geplant.

Stattdessen realisiert die Bahn eine kostengünstigere Planung des Architektenbüros von Gerkan, Marg und Partner. Unter den Gleisen, im Bahndamm, entsteht eine 16 Meter breite und 63 Meter lange Passage. Eine wellenförmige Deckenverkleidung aus Metall sorgt für indirekte Beleuchtung. Auffällig ist die Anlage trotzdem: »Der längste gläserne Bahnhof Europas steht in Spandau«, teilt die Firma Mero mit. Sie hat die vier gewölbten Glasdächer gebaut, die den S-Bahnsteig sowie die beiden 405 Meter langen Fernbahnsteige in neun Metern Höhe auf ganzer Länge überspannen. Die filigrane Konstruktion aus verglasten Stabnetzen ist 53,71 Meter breit. Die rund 23 000 Scheiben werden einmal pro Jahr aufwändig von Hand geputzt.

Am 27. September 1998 hält zum ersten Mal ein ICE auf der Fahrt von Berlin nach Hannover in dem neuen Bahnhof. Und seit dem 30. Dezember 1998 lässt sich der westlichste Berliner Bezirk wieder per S-Bahn erreichen. Anfang 2004 nutzen pro Tag bis zu 40 000 Menschen den Bahnhof Spandau – eine Zahl, die auf Rentabilität bedachte Menschen nicht gerade in Freudenrufe ausbrechen lässt. Doch die Spandauer haben ihren Willen bekommen.

Stettiner Bahnhof
Das Sprungbrett zur Ostsee

Als Gepäck noch am Bahnhof aufgegeben werden konnte ... Eine schwer beladene Droschke hält 1898 vor dem Stettiner Bahnhof.

Ein altes Stellwerk. Gleisreste. Verrottete Holzschwellen und Betonmauern, mit denen die DDR ihre Grenze gesichert hat. Das verbarrikadierte Gebäude des Vorortbahnhofs, in dem am 8. August 1924 die erste Berliner S-Bahn abfuhr – nach Bernau und noch mit grün lackierten Zügen. So präsentieren sich über Jahrzehnte die wenigen Überbleibsel des Stettiner Bahnhofs, einstmals die am stärksten frequentierte Fernbahnstation Berlins. Umgeben sind sie von viel Sand – er prägt das Gelände in Mitte, auf dem der Bahnhof einst stand. Walter Benjamin hätte das sicher passend gefunden, schreibt er doch in seinen Erinnerungen: »Wenn der Wagen die Chausseestraße hinter sich hatte, war ich wieder mit den Gedanken unserer Bahnfahrt

vorangeeilt. Seither münden für mich die Dünen Koserows oder Wenningstedts hier in der Invalidenstraße, wo den anderen die Sandsteinmassen des Stettiner Bahnhofs entgegentreten.«

Mit Wenningstedt liegt er falsch – nach Sylt reiste man vom nahe gelegenen Lehrter Bahnhof aus. Aber Koserow stimmt. Der Badeort befindet sich auf der mit zahlreichen Stränden gesegneten Ostseeinsel Usedom, die damals vom Stettiner Bahnhof aus angesteuert werden konnte. In der Sommersaison drängten sich in der 129 Meter langen und 25 Meter hohen Halle Urlauber, um Berlin in Richtung Swinemünde, Zinnowitz und Ahlbeck, aber auch nach Misdroy auf Wollin oder Kolberg in Pommern zu entfliehen. Über der Gepäckannahme war die Kreide-

Blick von der Ecke Borsig-
straße/Invalidenstraße im
Jahr 1925. Parkplätze sind
Mangelware. Ein Bus mit
offenem Oberdeck rollt
auf den Bahnhof zu.

küste Rügens aufgemalt, Inbegriff der Ferien-
freuden. Alte Fotos zeigen Droschken, die mit
Basttruhen, Bettensäcken und Hutschachteln
überladen sind.

Hans Fallada beschreibt in »Damals bei uns
daheim«, wie ein Urlaubsstart kurz nach 1900
aussah. In aller Frühe wurden Brote eingepackt,
Wurst, Ei, Braten. »Es war der erste Tag der großen Ferien. Ganz Berlin, soweit es Kinder hatte
und es sich leisten konnte, war im Aufbruch.
Überall standen auf den Bürgersteigen hinter
Koffer-Bastionen Familientrupps. Großmütter
winkten unserem Kutscher verzweifelt mit
Regenschirmen.«

Der Feuilletonist Alfred Kerr notierte am 8.
August 1897: »Im übrigen fühlt man sich jetzt

in Berlin am wohlsten, wenn man auf dem
Stettiner Bahnhof ist, um es zu verlassen. Auch
was hier dauernd festgehalten wird, kann es sich
nicht versagen, eine gelegentliche Landpartie an
die Ostsee zu machen, die sehr bequem erreicht
wird. Doch wehe – in Heringsdorf trifft er auf
dieselben Gestalten, die er hier fliehen wollte.
Der Auswurf des Potsdamer Viertels ist dort ver-
sammelt. Das macht Toiletten und schwatzt und
schreit und benimmt sich auffallend und verun-
reinigt mit Protzentum die anständige Seeluft.«
Konsequenz: Schnell zurück nach Berlin – und
von den »Strapazen der Sommerfrische« erholen!

Am 1. August 1842 fährt der erste Zug nach
Neustadt-Eberswalde, heute Eberswalde. Am

1935 war der Bau des
S-Bahnhofs mit dem
charakteristischen Turm
schon in vollem Gang.
Das Bauwerk gibt es heute
noch: Es heißt seit Dezember 1950 S-Bahnhof Nord-
bahnhof.

15. November rollen die Loks aus Manchester
und Philadelphia schon bis Angermünde. Nach
Stettin geht es vom 15. August 1843 an, nach
Stralsund ab 1863 – dann schon über weite Strecken zweigleisig. Ab 1878 endet auch die Nordbahn aus Neubrandenburg und Stralsund im
»Stettiner«. Gutsherren bevölkern die erste Klasse, Theodor Fontane lässt seine Romanfigur Effi
Briest von hier nach Groß Tantow reisen. In den
unteren Klassen drängen sich Landbewohner
und Sommerfrischler. Die Bahn ist ein Erfolg.

Und das, obwohl die Züge nicht gerade in
einer gut beleumundeten Gegend abfahren. Die
Endstation entsteht dort, wo eine Abdeckerei bis
1840 die Geruchsnerven strapaziert und der
Magistrat danach eine Scharfrichterei eingerichtet hatte. Die private Bahngesellschaft muss den
Umzug des Henkers und seiner Knechte be-
zahlen. Angeblich bleibt der Galgen zunächst
stehen – eine wenig nette Begrüßung für die
Fahrgäste. Rundherum brodelt das »Feuerland«:
Vor dem Oranienburger Tor lassen sich viele
Maschinenbauanstalten nieder, die berühmtes-
ten sind die Lokfabriken Borsig und Schwartz-
kopff.

Der erste Bahnhof an dieser Stelle besteht aus
zweigeschossigen Seitenhäusern und einem

Haupteingang mit Torwölbungen. Sein Nach-
folger, von Theodor August Stein entworfen
und 1876 eröffnet, sieht schon stattlicher aus.
Bemerkenswert sind die zwei achteckigen Türme
und der Giebelaufbau, der romanische Formen
zeigt. Über Treppen geht es zu den drei rund
drei Meter erhöht liegenden Bahnsteigen. Die
linke Seite ist die Ankunftsseite, unter anderem
mit einem Zimmer für den König. Die rechte
Seite ist für abreisende Fahrgäste. Hier befinden
sich die Wartesäle, darunter ein »Damenzim-
mer«.

Weil auch diese Anlage bald zu klein ist, wird
an der Westseite ein Vorortbahnhof gebaut. Ab
dem 1. Mai 1898 fahren hier Züge nach Bernau,
Hermsdorf und in die anderen nördlichen Vor-
orte. 1903 gibt es noch eine Erweiterung, diesmal auf der Ostseite. Nun hat der Bahnhof acht
Gleise.

Um die Jahrhundertwende werden 700 000
Reisende pro Jahr gezählt. Für Ehemänner, die
ihren Familien ins Seebad nachreisen, verkeh-
ren am Ende der Woche »Strohwitwerzüge«.
1934 fahren 1 251 000 Fahrgäste ab, so viele wie
auf keinem anderen Fernbahnhof Berlins. Zu
dieser Zeit braucht der schnellste Zug ins Seebad Heringsdorf zwei Stunden und 55 Minuten.

An der Fassade des Nord-
bahnhofs wird für Bären-
siegel-Liköre geworben.
Die Aufnahme wurde am
7. Juli 1952 gemacht. Zu
dieser Zeit war das lädierte
Gebäude ansonsten schon
nutzlos geworden. Der
letzte Reisezug fuhr am
17. Mai 1952.

Das Gebäude sieht nicht
danach aus, doch hier
wurde Verkehrsgeschichte
geschrieben. Im Stettiner
Vorortbahnhof fuhr am
8. August 1924 die allererste
S-Bahn ab. Ein Investor
will ihn renovieren.

STETTINER BAHNHOF

Er nutzt die direkte Route über die Karniner Brücke, die kurz vor Ende des Zweiten Weltkriegs von den Deutschen gesprengt werden wird. Auch die Reisenden nach Stettin können heute von früheren Reisezeiten nur träumen. 1939 ist die Hafenstadt von Berlin 95 Minuten entfernt, 2004 ist der einzige Zug vom Bahnhof Zoo aus 144 Minuten unterwegs.

Die »Königslinie« aus Skandinavien endet im Stettiner Bahnhof. Es gibt täglich Verbindungen nach Oslo und Stockholm, außerdem Züge über Warnemünde nach Kopenhagen. Via Saßnitz reist am 1. Oktober 1892 der damals mittellose Schriftsteller August Strindberg nach Berlin, wo er mit Verlegern in Kontakt kommen will. Nach dem Ersten Weltkrieg steigt am Stettiner Bahnhof öfter ein anderer Schwede aus. Er nennt sich Jens Larsen – in Wirklichkeit heißt er Ivar Kreuger – und will in Berlin Geschäfte machen. Als Industrieller, Finanzier und Zündholz-Monopolist ist Larsen sehr reich geworden. 1932 wird er in einem Pariser Appartement tot aufgefunden.

Im November 1943 wird der Bahnhof durch Bomben stark zerstört. Nach dem Krieg kommen keine Ostsee-Urlauber mehr an, sondern Flüchtlinge aus Ostpreußen und Pommern oder Berliner, die im Umland Familiensilber gegen Essbares getauscht haben. Der Schriftsteller John Dos Passos berichtet 1945 in der US-Zeitschrift »Life« über »hohlwangige Menschenmengen« auf dem Bahnhof. 1946 läuft Hildegard Knef durch das lädierte Gebäude – Wolfgang Staudte dreht mit ihr seinen Trümmerfilm »Die Mörder sind unter uns«. Nachdem die DDR die Oder-Neiße-Linie 1950 als Ostgrenze anerkannt hat, ist der Bahnhofsname nicht mehr zu halten. Er passe nicht »zu der Freundschafts- und Friedenspolitik der Deutschen Demokratischen Republik«, heißt es in einem Leserbrief an die Berliner Zeitung. »Immer wieder würde die alte Wunde aufreißen und bei unseren polnischen Freunden grauenhafte Erinnerungen wachrufen.« Die Freie Deutsche Jugend schlägt »Bahnhof des Friedens« vor. Doch es kommt anders: Vom 1. Dezember 1950 an heißt die Station Nordbahnhof.

Die Kosten der Umtaufe, 260 000 Mark, rentieren sich allerdings nicht. Denn schon am 17. Mai 1952 verlässt der letzte Reisezug den Bahnhof. Fahrten durch das angrenzende kapitalistische West-Berlin will die DDR ihren Bürgern nicht mehr zumuten. Durchgehende Reisezüge nach Stettin, das nun Szczecin heißt, gibt es ohnehin nicht mehr. Der letzte Fahrplan enthält eine Verbindung mit Umsteigen in Pasewalk – Fahrzeit sechs Stunden und 21 Minuten. 1961 schließt auch der Güterbahnhof. Was vom Empfangsgebäude noch übrig geblieben ist, wird 1962 bis 1965 abgerissen.

Das S-Bahn-Betriebswerk, für die Nord-Süd-Linien zuständig, bleibt bis 8. Januar 1984 in Betrieb. Hier treten DDR-Triebfahrzeugführer ihren West-Berlin-Dienst an. Auch der Verkehr im Tunnel der S-Bahn rollt weiter. Allerdings passieren die Züge den am 27. Juli 1936 eröffneten S-Bahnhof ohne Halt, von DDR-Grenzern beobachtet. Bis zur Wende ist das Bahnhofsareal ein weißer Fleck im Ost-Berliner Stadtplan.

Dann wird die Gegend neu gestaltet. Zwar wird die 1995 prämierte Idee des Krakauer Architekten Romuald Loegler, auf dem Gelände eine winterfeste Zirkusanlage einzurichten, nicht realisiert. Dafür entstehen ein Park und Bürobauten. 2003 beginnen die Arbeiten für das 160 Millionen Euro teure »Stettiner Carrée Mitte«: Vier Gebäude mit 56 192 Quadratmetern Büros und 436 Parkplätzen in einer Tiefgarage werden errichtet. Dort, wo das S-Bahn-Betriebswerk stand, sollen von 2005 an rund 2000 Beschäftigte der Bahn arbeiten. Der einstige Vorortbahnhof wird zu einer Gaststätte umgestaltet. Drumherum soll Rasen den Sand bedecken. Erst dann gibt es sie nicht mehr, Walter Benjamins Dünen an der Invalidenstraße.

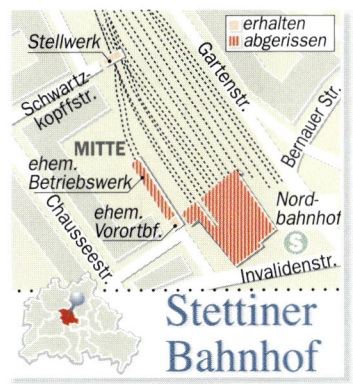

Bahnhof Wannsee
Für die schönen Dinge des Lebens

Auf ins Grüne! Schon um 1900 ist Wannsee, im Bild das frühere Empfangsgebäude, ein beliebter Ausgangspunkt für Ausflüge.

Der Bahnhof Wannsee ist für die angenehmeren Seiten des Berliner Lebens zuständig. Im Sommer warten nahebei schon die Havel-Dampfer mit Bockwurst und Berliner Weiße an Bord. Ein Bus bringt Spaziergänger zum Park an der Glienicker Brücke (auf der im Kalten Krieg Agenten ausgetauscht wurden). Bei Frost beherrschen Schlittschuhläufer die weitläufige Havelbucht, die den Namen Großer Wannsee trägt. Die einen gleiten bis Moorlake oder gar über die Fahrrinne hinweg nach Kladow. Die anderen bleiben bei den Glühweinverkäufern hängen, die sich auf dem Eis postieren. Der Bahnhof Wannsee ist der Freizeitbahnhof im grünen Südwesten der Stadt.

Anfangs heißt die Station noch Wannensee. Ab 1. Juni 1874 halten die Züge der Berlin-Potsdamer-Magdeburger Bahn. 1878 wird ein Holzpavillon von der Wiener Weltausstellung als Empfangsgebäude aufgebaut. Im Jahr darauf nimmt an der Wetzlarer Bahn, die aus Charlottenburg kommt, die Station Dreilinden (Wannsee) den Betrieb auf. Später werden die Bahnsteige zu einer Anlage vereinigt, die 1890/91 vergrößert wird.

Von 1913 an steigen Menschen in Trauerkleidung in Wannsee um. Am 3. Juni jenes Jahres geht die »Leichenbahn« zum Südwestkirchhof Stahnsdorf in Betrieb. Die Evangelische Kirche bezahlt den Bau der 4,4 Kilometer langen Strecke – der Autotransport der Leichen ist nicht

Ein Kleinod im Stil des Expressionismus: Reichs-bahn-Architekt Richard Brademann (1884-1965) hat das Empfangsgebäude entworfen.

zuverlässig genug. Pro Tag werden bis zu zehn Särge befördert.

Mehr als 40 Jahre lang wartet ein Mann mit Zylinder und grauem Bart fast täglich vor dem Bahnhof auf Fahrgäste. Es ist Gustav Hartmann mit seiner Pferdedroschke 120. Die ganzen Jahre ist er bei jedem Wetter im Dienst, weshalb er »der Eiserne« genannt wird. Ende November 1927 begegnet er der Französin Rachel Dorange, die von Paris nach Bukarest reitet. Der damals 68-Jährige beschließt eine ähnlich spektakuläre Aktion – und bricht am 2. April 1928 mit seiner Kutsche und dem ungarischen Wallach Gras-mus nach Paris auf. Seit dem 20. Juni 2000 trägt der Platz vor dem Bahnhof seinen Namen. Am Tag vor dem Beginn seiner Reise wird das neue Empfangsgebäude am Kronprinzessinnen-weg eröffnet.

Noch heute zieht das Bauwerk im Stil des Expressionismus mit seiner achteckigen Emp-fangshalle, markant auch durch die Fensterbän-der und die spitzwinkligen Türöffnungen, die Blicke auf sich. Der Architekt Richard Brade-mann hat den lang gezogenen dreigeschossigen Klinkerbau entworfen. Über dem Eingang begrüßen Schmuckelemente aus Keramik die Fahrgäste: ein Flügelrad mit dem Jahr des Bau-beginns, 1927, ein Handelsschiff und ein Kind, das auf einer Schnecke reitet.

Ab dem 11. Juni 1928 ist der Bahnhof, zunächst über die Wetzlarer Bahn, auch ans elektrische S-Bahn-Netz angeschlossen. Den Zweiten Welt-krieg übersteht er unversehrt. Größer ist der Einschnitt 1952: Konnte man von hier zuvor nach Dessau oder Magdeburg fahren, enthält das ab 18. Mai geltende Kursbuch keine Reise-züge von und nach Wannsee mehr. Dann leeren sich die S-Bahnen nach Stahnsdorf und Pots-dam, denn West-Berliner dürfen vom 1. Juni 1952 an nicht mehr in die DDR reisen. Am 13. August 1961 werden die S-Bahn-Stränge dorthin gänzlich unterbrochen; Wannsee verkümmert als letzter Bahnhof vor der Grenze. Erst 1969 gibt es wieder Fernverkehr, in Form von Auto-reisezügen. Vom 30. Mai 1976 an halten auch die übrigen Transitzüge. Dagegen wird die Wannseebahn, heute die Linie S 1, nach dem Ende des Reichsbahner-Streiks am 28. Septem-ber 1980 nur noch für Fahrten zum Betriebs-werk Wannsee genutzt. Erst vom 1. Februar 1985 an werden dort wieder Fahrgäste befördert. Vom 9. Januar bis zum 30. April 1984 liegt auch die S-Bahn nach Charlottenburg still.

Nach der Grenzöffnung gewinnt der Bahnhof seine frühere Bedeutung zurück. Doppelstock-wendezüge, die von Dieselloks des ehemaligen DDR-Regierungszuges gezogen werden, verkeh-ren ab dem 22. Januar 1990 zwischen Wannsee und Potsdam Stadt. Seit dem 1. April 1992 fährt auch die S-Bahn wieder nach dorthin.

Am 9. April 1993 stößt der Intercity 995 Ber-lin–Stuttgart bei Wannsee mit dem Schnellzug D 1045 aus Hannover zusammen. Drei Men-schen sterben, mehr als 20 Reisende werden

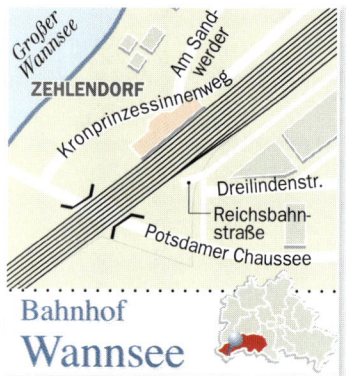

Bahnhof
Wannsee

verletzt. Auf der wegen Bauarbeiten eingleisigen Strecke hat der Fahrdienstleiter ein Signal für den Intercity versehentlich auf freie Fahrt gestellt. Nach Eröffnung der Hochgeschwindigkeitsstrecke Berlin–Hannover 1998 geht der Fernverkehr zurück. Von den verbliebenen Zügen fährt ein Großteil seit Ende 2003 durch. Doch der Regionalverkehr floriert.

In manchen Winkeln überrascht der Bahnhof, dessen Name in Fraktur geschrieben steht, noch mit dem kargen Charme vergangener Jahre. Im Warteraum auf dem Fernbahnsteig C sitzen die Fahrgäste auf abgeschabten Holzbänken. Eine erloschene Lichtreklame in schnörkeliger Schreibschrift weist auf die (geschlossene) Bahnhofsgaststätte hin. Das Empfangsgebäude hat die geplante Sanierung, deren Termin aber aus Gründen der Finanzierung noch nicht feststeht, verdient. Der Fußbodenbelag ist ausgetreten, so viele Fahrgäste sind schon durch die Halle gegangen. Zu den Dampfern. Zum Spaziergang an der Havel. Oder zum Schlittschuhlaufen.

Die achteckige Empfangshalle ist mit Lichtbändern versehen, die Helligkeit ins Innere lassen.

Bahnhof Zoologischer Garten
Der Tabellenführer vor dem Abstieg

Während des Kalten Krieges stellt der Bahnhof Zoologischer Garten 24 Jahre lang etwas Besonderes dar. Er ist der einzige Ort in West-Berlin, einer Halbstadt mit immerhin mehr als zwei Millionen Einwohnern, an dem Fernzüge halten. Auch 2004 noch gilt der Bahnhof Zoo als unangefochtener Primus in Berlin. Obwohl er mit nur zwei Bahnsteigen für den Fern- und Regionalverkehr und einem S-Bahnsteig kleiner ist als mancher Kleinstadtbahnhof, werden hier täglich bis zu 180 000 Menschen durchgeschleust. Doch wenn sich die Erwartungen der Deutschen Bahn erfüllen, wird der Zoo diesen Rang von 2006 an verlieren. Der Tabellenführer steht vor dem Abstieg.

»Des isch des wilde Berlin«, schwäbelt eine Reisende schaudernd in dem Roman »Magic Hoffmann«. Der Autor Jakob Arjouni beschreibt treffend, wie eine Ankunft am Zoo während der 1980er Jahre aussieht: »Von einem juchzenden und kreischenden Teenager-Klassenfahrtsrudel wurde Fred den Bahnsteig entlanggetrieben. Verwundert sah er sich um. Der ganze Hauptstadtbahnhof bestand aus vier Gleisen, zwei Bierbuden und einem Schaffnerhäuschen. Das Rudel drückte sich zusammen, und Schulter an Schulter ging es eine enge, urinfarben gekachelte Treppe hinunter in die Bahnhofshalle.«

Auch in Volker Ludwigs Musical »Linie 1« ist der Bahnhof Zoo das Tor in eine Welt voller Aufregungen und Zumutungen. Hier kommt

1934 wehte die Hakenkreuzfahne über der alten Fernbahnhalle am Zoo. Gemessen an der Zahl seiner Fernreisenden stand der Bahnhof damals in Berlin nur auf Platz fünf.

Kurz bevor der Umbau des
Bahnhofs Zoo unterbro-
chen wurde, entstand die
neue Fernbahnhalle. Das
Foto von 1941 zeigt, wie
ein Stahlbogen, »Binder«
genannt, zur Montage
vorbereitet wird.

6. April 1955: Eine Straßen-
bahn der Linie 25 (Schöneberg–Tegel) rollt am Bahnhof Zoo vorbei. Im selben
Jahr wurde die Halle ver-
glast.

es eines Morgens um 6 Uhr 14 an, das Mädchen aus der westdeutschen Provinz, das sich in West-Berlin auf die Suche nach ihrem Schwarm macht. Zu dieser Zeit, in den Achtzigern, wird der Bahnhof am Hardenbergplatz hip – vielleicht weil er so bescheiden wirkt im Vergleich zu den monumentalen Kopfbahnhöfen ausländischer Millionenstädte. Oder weil seine lethargische Atmosphäre nichts mit der vor Effizienz sprühenden Geschäftigkeit westdeutscher Großstadtbahnhöfe zu tun hat. Das wundersame, mit bibliophilen Schätzen und Ketzer-Literatur voll gestopfte Labyrinth der Heinrich-Heine-Buchhandlung mutet wie eine ziemlich grelle Antithese zu allen anderen Bahnhofs-Buchläden im Land an. Zu Mauerzeiten ist der Bahnhof Zoo gerade wegen seiner Abgeschabtheit das passende Entree in eine einzigartige Stadt, die von sensibleren Neulingen Abhärtung verlangt, sie dafür aber auch mit einer besonderen Form von Freiheit belohnt. So wirkt es gar nicht peinlich, als die Rockband »Ideal« 1980 jubiliert: »Bahnhof Zoo, mein Zug fährt ein, ich steig aus, gut wieder da zu sein.«

Allerdings ist der Bahnhof Zoo nicht nur eine Durchgangsschleuse für Bundeswehr-Flüchtlinge, Erstsemester und andere Newcomer, sondern auch eine Endstation für viele Schicksale. Paradoxerweise ist es eine junge Drogensüchtige namens Christiane F., die sich um die Bekanntheit dieser Station verdient macht. »Wir Kinder vom Bahnhof Zoo«, 1978 als Stern-Reportage erschienen und 1981 verfilmt, lässt alle, die nur eine vage Ahnung von West-Berlin haben, gleich noch etwas mehr wohlig zittern. »Die Stricher, die Bräute, die Kanaken, Bullen, Penner, Besoffene, die ganze Kotze, das war meine selbstverständliche Umgebung zwischen Mittag und Abend«, heißt es in dem Buch, das für viele Schulklassen zur Pflichtlektüre wird. Der Bahnhof Zoo als Schule der Nation.

»Der Gesamteindruck ist trostlos«, befindet der Fahrgastverband IGEB 1985 und listet auf: »unzureichende Beleuchtung, von der Decke blätternde Farbe, schmutzig gelbe Fliesen, ausgetretener Fußboden und Treppen, eingefressener Schmutz.« Aus den »Männer-Aborten« (in denen manche Drogensüchtige ihre letzte Dosis nehmen) riecht es streng, die Zugauskunft residiert in einem 20-Quadratmeter-Kabuff. Die Bahnsteige sind zu kurz. Für Reisende, die nicht durch mehrere Wagen laufen wollen, beginnt der Berlin-Aufenthalt mit einer verbotenen Wanderung über Schotter. Im Büro des Bahnhofsleiters steht eine Leninbüste, Aufkleber an der Waage erklären die Expressgutabfertigung zur atomwaffenfreien Zone. Viele Reichsbahner in diesem Teil der Stadt sind Mitglied der Sozialistischen Einheitspartei West-Berlins.

Solche ideologisch gefärbten Besonderheiten tragen dazu bei, dass West-Berlin das 100-jährige Bestehen des Bahnhofs offiziell nicht feiern mag. Dabei würde dessen Bedeutung dies rechtfertigen.

Als am 7. Februar 1882 die Stadtbahn in Betrieb geht, wird auch der Bahnhof Zoologischer Garten eröffnet, benannt nach dem seit 1844 bestehenden Zoo. Am 15. Oktober 1884 hält der erste Fernzug. Der Bahnhof wird das Tor zum schicken, neureichen Berliner Westen. An der großen Uhr in der Unterführung der Hardenbergstraße treffen sich Liebespaare, sie heißt bald »erotische Normaluhr«. In Erich Kästners Kinderbuch »Emil und die Detektive« kommt der Junge Emil am Zoo in der großen Stadt an. 1934 zählt die Reichsbahn 332 200 Fahrgäste im Fernverkehr und 9 507 700 Fahrgäste in den seit dem 11. Juni 1928 elektrisch fahrenden Zügen auf der Stadtbahn.

1934 bis 1941 folgt der Ausbau zu einem »neuzeitlichen Großstadtbahnhof«, wie es damals heißt. Nach Plänen des Reichsbahn-Architekten Fritz Hane wird der S-Bahnsteig nach Norden verlegt, auf 18 Meter verbreitert und nach Westen gezogen, sodass er die Hardenbergstraße überbrückt. An seiner Stelle entsteht ein zweiter Fernbahnsteig. Das Zwischengeschoss, das seither als Verteilerebene dient, wird eingebaut. Der Unterbau erhält eine Verkleidung aus Muschelkalkplatten. Die neue S-Bahn-Halle hat eine Spannweite von 21 Metern und ist 169 Meter lang. Die Spannweite der neuen Fernbahnhalle beträgt 38 Meter, die Länge 130 Meter, die Höhe 15 Meter.

Die Arbeiten sind in vollem Gang, als am 5. Dezember 1938 ein junger Mann, der als Helmut Neustädter in Berlin geboren worden ist, in die Emigration reist. Der Bahnsteig ist voll von Juden, die wie der 18-Jährige vor den Nazis fliehen müssen. Der Mann, der später Helmut Newton hieß und weltberühmter Fotograf war, fährt vom Bahnhof Zoo nach Triest und von dort weiter nach Singapur.

Von 1952 bis 1976 hat der Zoo als einziger Fernbahnhof West-Berlins eine Vorrangstellung inne. Doch in der Konkurrenz mit dem hoch subventionierten Flugverkehr fällt die Eisenbahn immer weiter zurück. 1964 dauert eine

Am 1. April 1959 war die Bahnhofs-Terrasse noch offen. Während dort zwei Gäste in der Sonne sitzen, parken Mercedes-Limousinen mit Weißwandreifen vor dem Anbau und der Parfümerie Kuhlmann.

Ein Intercity rollt aus dem Bahnhof. Im Hintergrund: das 16-geschossige Hochhaus des Zentrums am Zoo und die Kaiser-Wilhelm-Gedächtniskirche.

Im DB-Regionalverkehr Berlin-Brandenburg hat sich die Zahl der Reisenden allein von 1998 bis 2002 um fast 40 Prozent erhöht. Der anhaltende Aufwärtstrend ist auch am Bahnhof Zoo spürbar.

Zugreise nach Hamburg vier Stunden und 38 Minuten, nach Frankfurt am Main zehn Stunden und zwei Minuten. Bis zum 28. Mai 1978 fahren hier noch Dampfloks. Zwar wird auch in dieser Zeit der Agonie investiert: 1955 wird die Fernbahnhalle verglast, 1957 nach Plänen von Horst Engel im ersten Stock ein auf Stützen ruhendes Restaurant angefügt, die zunächst offene Bahnhofsterrasse. Doch das kann die Trostlosigkeit der meisten anderen Bahnhofsbereiche nicht wettmachen. Der Reichsbahn fehlt das Geld und wohl auch der Elan. Der Bahnhof Zoo wird zum Symbol für den Niedergang der Halbstadt und der Bahn, zum öffentlichen Schauplatz von Selbstzerstörung, Elend und Kriminalität. Das ändert sich erst, als 1987 die 750-Jahr-Feier Berlins ansteht und sich der Senat um das Image der Stadt sorgt. Er zahlt umgerechnet 65 Millionen Euro, damit das Gebäude die Gäste freundlicher empfängt. Das trübe Drahtglas der Fernbahnhalle wird durch Klarglas ersetzt, es gibt eine neue Beleuchtung und Fliesen nach historischem Vorbild. Die Bahnsteigsperren verschwinden.

Umfassender ist die Modernisierung, die 1992 beginnt. Am 23. Mai 1993 wird das »Reisezentrum« mit 19 Verkaufsschaltern eröffnet (das dem Ansturm schon bald nicht mehr gewachsen ist und auf 1100 Quadratmeter wächst). Die Heinrich-Heine-Buchhandlung schließt. Der Dramatiker Heiner Müller hatte vergeblich versprochen, eine Lokomotive zu küssen, wenn dieses Geschäft erhalten bleibt.

Heute sind die Spuren der grauen Vergangenheit getilgt, ist der Bahnhof wieder reputabel. Noch immer wärmen sich Deklassierte und Entwurzelte hier auf, doch in dem Gedränge sind sie leicht zu übersehen. 2004 fahren rund 400 Züge pro Tag ab, 1987 sind es 28 gewesen. Im Fern- und Regionalverkehr werden pro Woche rund 300 000 Ein- und Aussteiger verzeichnet. Vor allem am Wochenende wird es voll, auf dem Bahnsteig B gibt es Staus.

Auch Helmut Newton hat sich das sanierte Gebäude angesehen. »Auf dem Perron am Bahnhof Zoo, wo mich meine Eltern zum Zug nach Triest brachten, am selben Perron, im Jahre 2000, hingen die Plakate für meine Ausstellung«, erzählt der 2004 verstorbene Fotograf in einem Interview. »Das ist etwas, das mich sehr rührt ... nein ... das rührt mich nicht. Ich bin kein sentimentaler Mensch.« Letztlich aber wohl doch. Denn Helmut und June Newtons Fotografien, die der Berliner seiner Geburtsstadt vermacht hat, werden auf seinen Wunsch im ehemaligen Landwehrkasino an der Jebensstraße ausgestellt. Am Bahnhof Zoo.

Drei S-Bahnhöfe weiter östlich wächst Konkurrenz empor: der Hauptbahnhof – Lehrter Bahnhof, in dem am 28. Mai 2006 die ersten Züge halten sollen. Auch die ICE-Halte am Gesundbrunnen und an der Papestraße werden Fahrgäste abwerben. Darum – und weil sie vorerst nicht noch eine Großbaustelle eröffnen will – hat die DB den weiteren Ausbau des Bahnhofs Zoo auf Eis gelegt. Sie will abwarten, wie sich die Fahrgastzahlen entwickeln. Zudem möchte sie das Vorhaben nicht selbst realisieren, ein Investor muss her. Anfangs wollte die Bahn schon 1998 mit dem Bau beginnen. Doch weil Mietinteressenten absprangen, geriet das Projekt bereits damals ins Stocken.

Die Umbaupläne stammen von der Architekten Societät Figallo, Birkel und Partner sowie von nps und Partner. Die Empfangshallen der S- und Fernbahn sollen zusammengelegt und nach Osten erweitert werden – unter anderem durch die Verlagerung des Reisezentrums, das dann nicht mehr mit nur 2,4 Meter Raumhöhe auskommen muss. Statt der beiden Querhallen

soll eine Längshalle den denkmalgeschützten Viaduktbahnhof prägen. Der Abbruch des Zwischengeschosses schafft Höhe und Weite. Die Fläche für Läden sowie Gastronomie soll von 2100 auf 5410 Quadratmeter wachsen. Optional könnte sich am Hardenbergplatz ein Hochhaus oder ein Galeriegebäude mit Büros und einem Hotel anschließen.

Bereits absehbar ist, dass ein Teil des Fernverkehrs den Bahnhof Zoo umfahren wird, wenn der zentrale Bahnhof fertig ist. Im Regionalverkehr sollen nur die Linie RE 1 von Magdeburg nach Eisenhüttenstadt und die Linie RE 2 von Rathenow nach Cottbus den Zoo weiter ansteuern, außerdem der »Prignitz-Express« RE 6 und der künftige RE 7 nach Dessau. Trotz der ungewissen Aussichten sollen die Reisenden auf Komfort nicht verzichten. Wo einst die Post gewesen ist, hat 2003 der Bau einer DB Lounge für Erste-Klasse-Reisende und Teilnehmer am Vielfahrerprogramm »Bahn Comfort« begonnen. Dort gibt es Sessel, Gratis-Softdrinks, einen Arbeitsbereich mit Internetanschluss. Vor dem möglichen Abstieg macht der Tabellenführer unter den Bahnhöfen Berlins also noch einmal von sich reden.

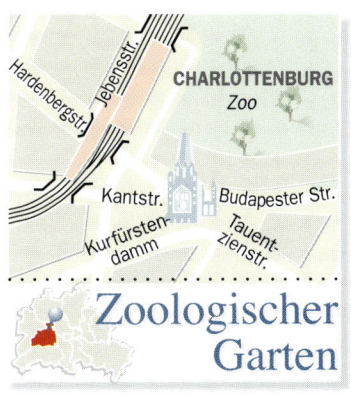

Diese Simulation zeigt eine der Geschäftspassagen, die im Ostteil des Bahnhofs im Stadtbahn-Viadukt entstehen sollen.

Fern- und Regionalbahnhöfe in Berlin

Flughafen TEGEL

Hohenzollernkanal

Westhafen

S-Bahn-Linie 21
(geplant)

Albrechtshof
Hamburger Bahn

Spandau

Staaken
Lehrter Bahn

Spree

künftige Strecken
für Fern- und Regional-
verkehr

Nördlicher Innenring

Hauptbahnhof
Lehrter Bahnh
(Eröffnung für Fern-
und Regionalverkehr
28.5.2006)

Lehrter Bahnh
(geschlossen
seit 28.8.1951,
abgerissen
1957–1959)

Tiergartentunnel (3,5 Kilom
für Fern- und Regionalverk

Potsdamer Pla
(im Tiergartentunnel,
Eröffnung 28.5.2006

Potsdamer Ba
(geschlossen 1945,
abgerissen 1958–19

Charlottenburg

Zoologischer Garten

Havel

BERLIN

neue Nord-Süd-Verbindung

Papestraße
(Eröffnung für Fern-
und Regionalverkehr
28.5.2006)

Wetzlarer Bahn

Potsdamer Bahn (Stammbahn)/ Wannseebahn

Anhalter Bahn

Dresd

Wannsee

Lichterfelde Ost